DBV

Anneliese Gass-Tutt

TANZTRUBEL

Tänze für Kinder von vier bis zehn Jahren

DON BOSCO VERLAG · MÜNCHEN

CIP-Kurztitelaufnahme der Deutschen Bibliothek

Gaß-Tutt, Anneliese:
Tanztrubel: Tänze für Kinder von 4 bis 10 Jahren / Anneliese Gaß-Tutt. [Umschlag u. Textill.: Helga Hébert. Aufstellungszeichn. u. Pictogramme: Wolfger Tutt]. — 1. Aufl. — München: Don Bosco Verlag, 1985.
ISBN 3-7698-0525-9

1. Auflage 1985 / ISBN 3-7698-0525-9

Umschlag und Textillustration: Helga Hébert, Toulouse
Aufstellungszeichnungen und Pictogramme: Wolfger Tutt, Weinstadt
Layout: Wolfger Tutt / Anneliese Gaß-Tutt
Notengrafik: Ingeborg Vaas, Langenau-Altbeck
Satz, Druck und Bindearbeiten: Heinz Neubert GmbH, Bayreuth

INHALT

Seite

Vorwort

Alle Kinder tanzen gern.
Rhythmische Bewegung ist ein Ausdruck ihres Körpergefühls — man muß ihnen nur Anregungen und Möglichkeiten geben. Spielerisch sollte dies geschehen — eine Melodie, der Anstoß eines Bewegungsvorschlages, ein Freiraum ohne einengende Gebote und Verbote genügen. Auch wenn es nach den Maßstäben der Erwachsenen nicht sofort einwandfrei und tadellos aussieht, die Freude an der tänzerischen Bewegung strahlt aus den Kindergesichtern.
Kindertanz ist heute keine Angelegenheit, die nur Tanzexperten vorbehalten ist. Er ist nicht das Ergebnis angestrengter Übungsstunden. Die in diesem Buch zusammengestellten Tanzvorschläge sind für Erzieherinnen/Erzieher und Lehrerinnen/Lehrer gedacht, die k e i n e Tanzausbildung haben und die sich das Einüben komplizierter Tanzformen nicht zutrauen, aber Freude am Tanzen haben und mit den Kindern tanzen wollen. Auch die Kinder brauchen keine Tanzkenntnisse und -fertigkeiten zu haben. Kindgemäße Anstöße aus dem Alltag, leichte Schritte und eingängige Bewegungsvorschläge führen ohne umfangreiche Übung zu tänzerischen Formen, die allen Beteiligten Spaß machen.
In den letzten 15 Jahren hat sich der bis dahin bekannte Kindertanz gewandelt. Die überlieferten Kinderreigen werden in überlegter Auswahl und behutsamer Erneuerung getanzt. Niedliche Kinder-Volkstanzvorführungen werden recht kritisch betrachtet und nachdenkliche Pädagogen vermeiden, den Gesellschaftstanz der Erwachsenen mit Kindern zu kopieren.
Die natürliche Bewegung steht im Vordergrund. Pädagogen und Soziologen, manche Mediziner, Psychologen und Theologen haben den Tanz als menschliches Urbedürfnis, als Möglichkeit zur Lockerung und Entspannung, als Medium zur Förderung und Bildung wiederentdeckt.

Das kleine Kind lernt beim Bewegen und Spielen mit seinem Körper, den Sinnen und dem Verstand sich selbst und seine Umwelt kennen, und es wird dazu ermutigt. Je vielfältiger die menschlichen und gegenständlichen Begegnungen und Impulse sind, desto mehr kann es durch Entdecken, Begreifen und Erleben lernen. Beim Tanzen muß sich das Kind unbewußt mit für seine Entwicklung besonders wichtigen mit- und zwischenmenschlichen Situationen auseinandersetzen: Jedes Kind, ob Mädchen oder Junge, steht gleichberechtigt in der Gruppe, manchmal hat es einen Partner, manchmal tanzt es alleine. Es kann alleine vor oder in der Gruppe tanzen, und es braucht dazu Eigeninitiative, die durch die natürliche Bewegungsfreude unterstützt wird. Alle Kinder lernen, sich in eine Gruppe einzuordnen, aber auch eine Führungsrolle, d.h. Verantwortung zu übernehmen. Im stetigen, unmerklichen Aufbau seiner Selbstsicherheit trainiert das Kind nebenher seine Reaktionsfähigkeit, gewinnt physische Gesundheit und spürt persönliches Wohlbehagen.
Aus diesen Erfahrungen heraus trug ich das vorliegende Tanzangebot zusammen. Alle Titel sind nach entwicklungspsychologischen Gesichtspunkten ausgewählt und zumeist in der praktischen Arbeit mit Kindern entstanden. Ergänzt wurde die Auswahl durch eigene, unveröffentlichte Aufzeichnungen überlieferter Kindertanzformen, die zum Teil durch geringe sprachliche Bearbeitung oder Neufassung den Bezug zum heutigen kindlichen Alltag wiedergewonnen haben. Die Sprache der Tanzbeschreibungen ist einfach und knapp. Die komplizierte Tanzfachsprache wird, weil sie für den Laien oft unverständlich, ja abschreckend ist, soweit wie möglich vermieden. Die unumgänglichen Tanzbegriffe werden aus diesem Grunde ausführlich erklärt (siehe SUCHECKE Seite 103-105). Mit den Illustrationen und Aufstellungszeichnungen wird eine weitere Hilfestellung für das Verständnis der Tanzbe-

schreibungen gegeben. Der Schwierigkeitsgrad der Tanzspiele, Tanzideen und Tänze ist nicht zu schwer, damit das Tanzen Spaß macht. Entsprechende Symbole bei jedem Titel dienen der Schnellorientierung. Außerdem wird auf die Zusammenstellungen in der SUCHECKE Seite 106-107 verwiesen. Im Angebot enthalten sind neben den eigenständigen Tanzliedern Vorschläge zur Einbeziehung modern arrangierter Tanzmusik für Kinder auf Schallplatte und Musicassette. Die Auswahl wurde bewußt auf solche Musikveröffentlichungen beschränkt, die auch in den kommenden Jahren noch mit Sicherheit lieferbar sind. (Siehe auch SUCHECKE Seite 102.)

In vielen Kindergärten, aber auch an manchen Grundschulen und in einigen Kirchengemeinden gehört ein regelmäßiger, gemeinsamer Tanznachmittag von Kindern und Eltern zum liebgewordenen Brauch. Auch bei Festen wird gemeinsam getanzt. Dies gelingt, wenn die Kinder nicht überfordert und die Erwachsenen nicht zu kindisch wirkendem Tun gezwungen werden. Auf dafür geeignete Tanztitel dieses Buches wird mit den entsprechenden Symbolen und in den Zusammenstellungen hingewiesen.

Beim Tanzen in dieser spielerischen Form haben die Kinder vielfältige Einfälle. Die Spielvorstellung steckt den Rahmen ab und ergibt gleichzeitig die notwendige Einordnung. Gelingt etwas nicht, sollte keiner ausgelacht werden. Ein Scherz, ein Lachen, ein aufmunterndes Wort kann die Situation am leichtesten klären, denn die Stüzung der Eigenpersönlichkeit des Kindes sollte immer Vorrang vor der Perfektion haben. Dann kann das Tanzen mit Kindern wie eine heitere Lebenshilfe sein, die auf einmalige, fröhliche Weise Ernst macht mit der Bejahung der kindlichen Persönlichkeit.

Anneliese Gaß-Tutt

Kleine Tanzmethodik

Wenn Kinder im Kindergarten oder in der Grundschule tanzen, geschieht dies im lebendigen Zusammenspiel zwischen dem einzelnen Kind, der Gruppe und dem Erwachsenen. Die Musik, sei es ein Tanzlied oder instrumentale Tanzmusik, bestimmt durch den Rhythmus die Schritte und Bewegungen. Der vom Erwachsenen ausgewählte Tanz gibt das Thema und bietet den Stoff an, der mit dieser Kindergruppe in Tanz umgesetzt werden soll. Die Kinder in ihrer jeweiligen individuellen Entwicklungs- und in der Gruppensituation sind das bestimmende Maß.

Hier setzen die speziellen Überlegungen zur Tanzmusik ein. Über die bewährten (Tanz-)Spielmodelle in mehr oder weniger stark gebundener Form hinausgehend, stellt sich die heutige Kindertanzpädagogik das Ziel, Spontaneität, Kreativität und Improvisation zu wecken und zu fördern. Für die Vermittlung eines Tanzes wie auch für die Umsetzung eines Themas in eine Tanzform gibt es verschiedene Methoden. Unbestritten gilt für die verschiedenen Situationen:

— Das Tanzen muß an die den Kindern angeborene Rhythmus- und Bewegungslust anknüpfen.
— Die Tanzthemen müssen den Kindern aus der Umwelt bekannte, also nachvollziehbare Vorstellungsbilder zum Inhalt haben.
— Die Hinführung zu den verschiedenen Tanzformen darf auf keinen Fall als Zwang oder Unterricht im üblichen Sinne empfunden werden.

Welche Methoden können dazu führen? Von den verschiedenen Wegen der Tanzvermittlung werden im folgenden unter Berücksichtigung der Zielvorstellung sechs der bekanntesten erläutert. Sie können in zwei unterschiedliche Gruppen zusammengefaßt werden:

Gruppe 1 Lern-Methoden

(Sie sind am häufigsten in der Praxis zu finden und deshalb hier nicht zu übergehen. Sie haben alle gemeinsam: Der Erwachsene hat die aktive, die Kinder die passive Rolle.)

Imitative Methode

Der Erwachsene macht die Tanzteile der Tanzform vor, die Kinder machen nach. Es wird meist nach der vorgegebenen Tanzbeschreibung getanzt.

Diese Methode wird vor allem bei gebundenen Tanzformen die richtige sein.

Rezeptive Methode

Der Erwachsene nimmt die Tanzanleitung als Vorlage und verändert sie in Kleinigkeiten oder gar Teilen nach dem Vermögen der Gruppe.

Im Ansatz ist hier der Erwachsene aus der Kenntnis der pädagogischen Situation heraus positiv kreativ. Die Kinder bleiben aber in der nachvollziehenden Rolle. Trotzdem ist diese Methode bei manchen Gruppen und in bestimmten Situationen sinnvoll (z. B. bei behinderten Kindern).

Kognitive Methode

Der Erwachsene erklärt in Teilabschnitten oder als Gesamtes die Tanzform theoretisch und läßt sie danach praktisch ausführen.

Dies ist die klassische Methode der Tanzschule. Die Methode nimmt den Weg über den Verstand. Sie sollte im Kindertanz eigentlich nie angewandt werden.

Gruppe 2 Kreative Methoden

(Sie sind weithin bekannt, werden aber in der Tanzpraxis zu wenig eingesetzt. Sie verlangen vom Erwachsenen die Bereitschaft, von der lehrend-unterrichtenden in die motivierend-unterstützende Rolle zu wechseln.)

Kreative Methode

Ausgangspunkt ist ein Bewegungsthema, das von den Kindern nach ihren Möglichkeiten gestaltet wird. Die

Phantasie wird angeregt, die Kreativität in jeder Weise ermöglicht. Die Kinder hören die Musik, erkennen ihre Gliederung und tanzen zu den verschiedenen Teilen ihre Bewegungserfindungen.

Dieses Prinzip läßt alle Freiheit. Die aktiven Kinder stehen hier einem zurückhaltend bleibenden, aufmerksamen Erwachsenen gegenüber. Es findet aber enge Grenzen an der Tatsache, daß die Elemente des gefundenen Schritt- und Figurenmaterials sich bald wiederholen und das Tanzen so mit der Zeit recht reizlos wird.

Kooperative Methode

Ausgangspunkt ist wieder das Bewegungsthema, das von den Kindern frei gestaltet wird. In echter Zusammenarbeit zwischen Kindern und Erwachsenem entsteht aus den gefundenen Elementen eine oder mehrere gemeinsame Form/en, die von allen akzeptiert und als ,,unser'' Tanz angenommen wird.

Evolutive Methode

Ausgangspunkt ist wieder das Bewegungsthema. Die Kinder tanzen ihre Bewegungseinfälle. Danach führt der Erwachsene die Bewegungen weiter nach den Vorschlägen, die er vorbereitet hat und entwickelt wenn möglich mit den Kindern aus allen Möglichkeiten neue Tanzsituationen.

Es widerspricht dem Wesen des Tanzens und den Voraussetzungen der Kinder, einen Tanz mit Zählen des Taktes oder der Schritte zu ,,erarbeiten''. Wie in der Musikerziehung sollen die Kinder hören lernen und sich in ihren Bewegungen vom Rhythmus und der Melodie führen lassen. Singen sie das Tanzlied, wird bei der Einführung des Liedes auf das zum Tanzen wichtige und richtige Tempo hingeführt werden müssen.

Das Tanzen selbst wird in der Praxis häufig durch den unterschiedlichen Entwicklungsstand und insbesondere aber behindert durch Hemmungen einzelner Kinder, die oft von außen her erzeugt worden sind. Übersicht über den Stoff, ein wacher Blick für die Belastbarkeit der Gruppe und eigener Spaß am Tanzen lassen den geduldigen, aber trotzdem fordernden und fördernden Tanzleiter schnelle, unkomplizierte Hilfen zum Überwinden der Schwierigkeiten finden. Voran steht ein gutes, persönliches Verhältnis zu den Kindern, so daß diese Hilfen Aussicht auf Erfolg haben. Zu nennen sind z. B. Tanzenlassen in Gegensätzen (mal leise, mal laut; winzig-riesengroß; zart-kräftig; traurig-lustig usw.). Oft läßt sich auch mit sportlich-gymnastischen oder pantomimisch-grotesken Spielen ein Übergang zum ungezwungenen Tanzen mit allen Kindern in der Gruppe schaffen.

Doch hier wie überall gilt: Erst durch Versuche wird jede Theorie lebendig.

Weitere Literatur zum Kindertanz

- *Josef Wenz:* ,,Die goldene Brücke'', Bärenreiter Verlag Kassel und Basel, 1949
- *Anneliese Gaß-Tutt:* ,,Tanzkarussell 1'', Fidula Verlag Boppard/Rh und Salzburg, 1972
- *Ursula Gebhard / Michael Kugler:* ,,Didaktik der elementaren Musik- und Bewegungserziehung'', Don Bosco Verlag München, 1979
- *Rosemarie Holzheuer:* ,,Musik- und Bewegungserziehung in Kindergarten und Grundschule'', Julius Klinkhardt Verlag, Bad Heilbrunn, 1979
- *Anneliese Gaß-Tutt:* ,,Kinderparty-Kinderspaß'', Fidula Verlag Boppard/Rh und Salzburg, 1980
- *Elisabeth Salzer:* ,,Rundherum im Kreis'', Don Bosco Verlag München, 1984
- *Anneliese Gaß-Tutt:* ,,Ringel-Kringel'', Kallmeyer Verlag Wolfenbüttel, 1985

KUCKUCK
Kapitel 1
TANZSPIEL-KISTE
Tänze zum Mitmachen
und Mitspielen

Elefanten-Twist

2. Zwei Elefanten trompeten leis und laut …
3. Vier Elefanten trompeten leis und laut …
4. Acht Elefanten trompeten leis und laut … usw.

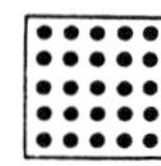

Melodie: Aus Schweden
Text und Tanz: Anneliese Gaß-Tutt

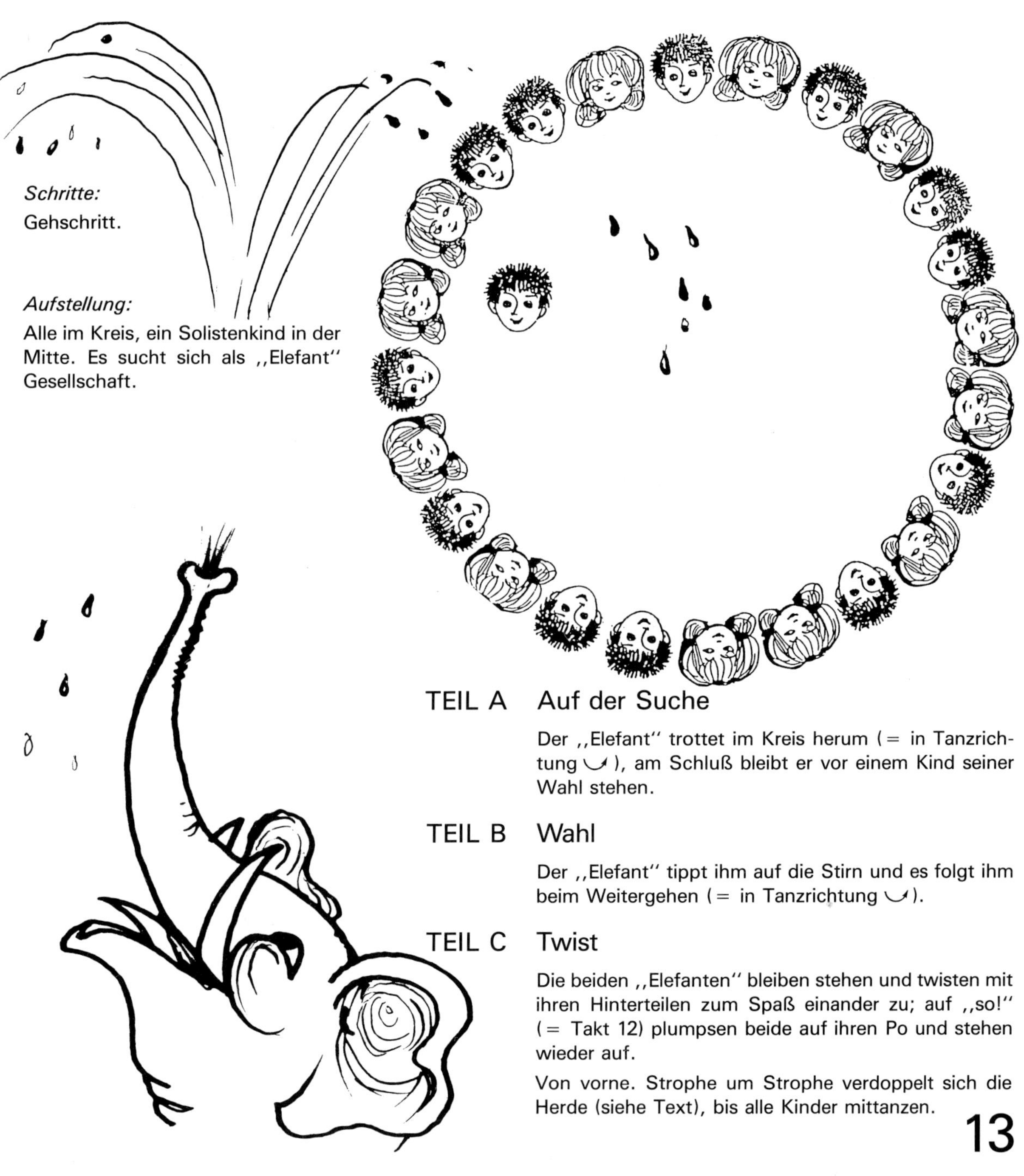

Schritte:
Gehschritt.

Aufstellung:
Alle im Kreis, ein Solistenkind in der Mitte. Es sucht sich als ,,Elefant'' Gesellschaft.

TEIL A Auf der Suche

Der ,,Elefant'' trottet im Kreis herum (= in Tanzrichtung ◡↗), am Schluß bleibt er vor einem Kind seiner Wahl stehen.

TEIL B Wahl

Der ,,Elefant'' tippt ihm auf die Stirn und es folgt ihm beim Weitergehen (= in Tanzrichtung ◡↗).

TEIL C Twist

Die beiden ,,Elefanten'' bleiben stehen und twisten mit ihren Hinterteilen zum Spaß einander zu; auf ,,so!'' (= Takt 12) plumpsen beide auf ihren Po und stehen wieder auf.

Von vorne. Strophe um Strophe verdoppelt sich die Herde (siehe Text), bis alle Kinder mittanzen.

Eierkuchen

Ei - er - ku - chen eß' ich gern, gro - ße, run - de, fei - ne,

ei - nen gan - zen Tel - ler voll schaf - fe ich al - lei - ne.

Eins, zwei, drei!

  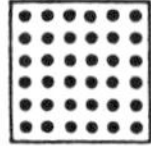    

Lied: Liselotte Rockel
Tanz: Aus Deutschland

Schritte:
Gehschritt

Aufstellung 1
(für eine kleine Kindergruppe)

Die Kinder stehen in 2 konzentrischen Kreisen, Blick zur Mitte, durchgefaßt.

Aufstellung 2
(für eine große Kindergruppe)

Die Kinder stehen in 3 konzentrischen Kreisen, Blick zur Mitte, durchgefaßt.

Die Kinder im Innenkreis sitzen in der Hocke. Die Kinder im Außenkreis gehen gegen Tanzrichtung ◡ (bis ,,alleine''). Sie bleiben stehen und schauen zur Mitte (= ,,Eins, zwei, drei!''), bis ,,drei!'' setzen sie sich in die Hocke; zur gleichen Zeit stehen die Kinder im Innenkreis auf und gehen bei der nächsten Strophe in Tanzrichtung ◡ ! Bei ,,. . . drei!'' ist wieder Wechsel usw.

Immer alle Kinder singen lassen!

Bei einer Wiederholung an einem anderen Tag essen wir einen anderen Kuchen, z. B. Reibekuchen, wieder an einem andern Tag vielleicht Streuselkuchen, Erdbeerkuchen, Dippe Datsche usw.

Großer Bogen

Musik:

„Gemütlich schwäbisch",
Kallmeyer 61520.

Schritte:

Gehschritt.

Aufstellung:

Zu zweien in offener Fassung, beginnend in der Mitte des Raumes.

Vorbereitung:

Wir gehen hintereinander zu zweit in offener Fassung verschiedene Tanzwege:

in einem langen Zug,
im Kreis,
in geschwungenen, freien Raumfiguren.

Dasselbe tanzen wir hintereinander o h n e Fassung in 2 langen Zügen, in 2 Kreisen, in 2 geschwungenen, freien Raumwegen.

Nun wird zusammengesetzt:

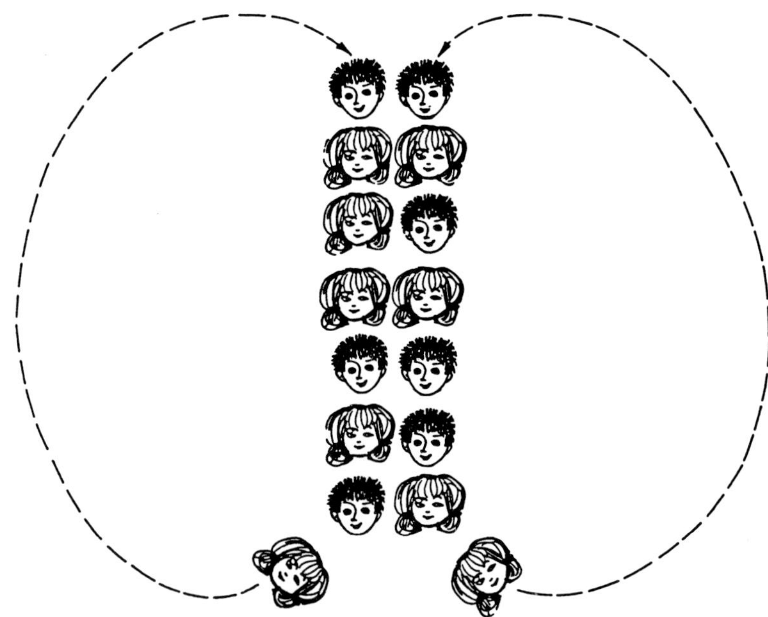

Das erste Kinderpaar trennt sich. Es führt den großen Bogen für seine Gruppe an (Weg siehe Aufstellungszeichung). Die Kinder gehen den Bogen mit der spannenden Frage: Treffe ich m e i n e n Partner wieder?

(Bei kleinen Kindern wächst diese Spannung mit jedem weiteren Bogen neu, vor allem, wenn immer wieder andere Kinder anführen.)

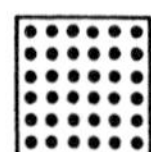

Tanz: In vielen Ländern bekannt.

Festzug

Musik:
,,Kuckuckpolonaise", FF 1194, FC 2.

Schritte:
Gehschritt.

Ein Kind hat Geburtstag
— wir feiern ein Fest
Ein Nachmittag mit den Eltern
— wir feiern ein Fest.
Es ist Sommer
— wir feiern ein Fest.

Wir sitzen alle im großen Kreis. Das Geburtstagskind ist die Hauptperson. Es bekommt als Zeichen seiner Wichtigkeit den prächtigen Feststock überreicht, beginnt im Kreis herumzuwandern und ein um das andere Kind schließt sich nach der Aufforderung an. Sind alle beisammen ziehen alle mit dem anführenden Kind durch den Raum, wie es ihm gefällt.

Die verschiedenen Aufstellungsmöglichkeiten:

Tanz: U
In vielen Ländern überliefert.

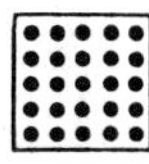

Kuckuck

2. Wo ich komme, geht er fort, „Kuckuck",
bin ich hier, so ist er dort, „Kuckuck".
Ei, so sei er, wo er sei, „Kuckuck",
lieblich ist von fern sein Schrei. „Kuckuck".

 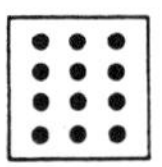    

Text: Friedrich Rückert, Melodie: E. Schmid
Tanz: Nach Anregungen von Christel Ulbrich
Fassung: AGT

Schritte:

Gehschritt.

Aufstellung:

Die Kinder sitzen im lockeren Kreis auf dem Boden mit Blick zur Mitte. Ein Kind ist der ,,Kuckuck'' und hat eine Flöte, eine Holzblocktrommel, Triangel oder ein ähnliches Instrument in der Hand.

Strophe 1

Die sitzenden Kinder singen und deuten mit ihren Füßen ein vorsichtiges Gehen an. Spielt der ,,Kuckuck'' (siehe Notierung im Lied), halten sie in der Bewegung inne.

Strophe 2

Alle stehen auf und ziehen singend frei im Raum herum. Jedesmal bleiben sie beim Kuckucksruf stehen und hören. (Je nach Alter und Spielfreude nehmen die Kinder dabei beide Hände hinter die Ohren zur Vergrößerung der Ohrmuscheln und zum ,,besseren'' Hören.)

Strophe 3 (= wie Strophe 1)

Alle gehen singend weiter. Beim Kuckucksruf klatschen, stampfen, schnipsen oder schnalzen sie einander zu.

Variation: Nach der Einführung können mehrere Kinder, jedes mit einem Instrument, ,,Kuckuck'' spielen.

Kranzbinden

2. Wir wollen den Kranz lösen, so lösen wir den Kranz,
bei dem (der) .... hübsch und fein soll der Kranz gelöset sein.

Schritte:
Gehschritt.

Aufstellung:
Alle im nicht zu großen Kreis, durchgefaßt.

Zu Beginn wird festgelegt, wer mit dem ,,Kranzbinden" beginnt. Dieses Kind ist beim ersten Singen von Strophe 1 die Hauptperson. In jeder neuen Strophe wechselt die Rolle der Reihe nach. Wenn am Strophenende der Name eines Kindes genannt wird, löst es die Fassung, kreuzt seine Arme übereinander und faßt mit den Nachbarkindern wieder durch. Ebenso wird bei allen (1.) Strophen der Kranz der Reihe nach weitergebunden. Gehen alle Kinder in gekreuzter Fassung, ist der Kranz vollendet, und man kann den Tanz abschließen.

Will man ihn fortsetzen, schließt sich die 2. Strophe an, und der Kranz wird nacheinander wieder aufgebunden.

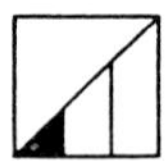

 Lied und Tanz: Aus Deutschland

Ein Freund – eine Freundin

Musik:

Für Gehen: ,,Kindergarten-Mixer'',
Hüpfen: ,,Hüpferling'',
Laufen: ,,Hasensprung'';
alle Titel FF 1196, FC 2.

Schritte:

Gehschritt, Kinderhüpfschritt oder Laufschritt, je nach Aufgabe bzw. Musik.

Aufstellung:

Alle stehen frei im Raum verteilt.

TEIL A Freies Tanzen alleine

Die Kinder gehen/hüpfen/laufen frei im Raum. Zum Schluß suchen sich alle einen Partner.

TEIL B Freies Tanzen zu zweit

In selbstgewählter Fassung tanzen die Kinder mit ihrem Partner, z. B. spazieren, im Paarkreis gehen/hüpfen/laufen, in der Kreuzfassung hin- und hertanzen. Zum Schluß trennen sich alle.

Von vorne.

Findet ein Kind einmal keinen Partner, geht/hüpft/läuft es zum Treffpunkt in die Kreismitte und findet dort ein anderes alleingebliebenes Kind.

Tanz: Allgemein bekannt.

  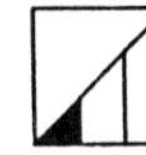  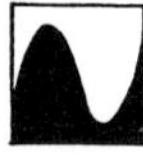  

Lange Reihe

Schritte:

Kinderhüpfschritt, Gehschritt.

Aufstellung:

Eine oder mehrere kurze Reihen von 4-6 Kindern, durchgefaßt. Jede Reihe braucht genügend Platz.

TEIL A Alle hüpfen vorwärts.

TEIL B Das Kind am Reihenende rechts hüpft im Bogen und vor den anderen Kindern zum linken Ende der Reihe. Damit dies möglich ist, gehen die anderen gleichzeitig am Platz.

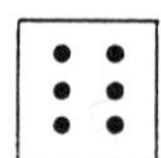
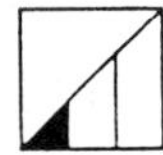

Lied und Tanz: Aus Deutschland

Adelaide von Stock

Musik:

Zur Stimmung passende Musik im geraden Takt aus der eigenen Tanzmusik-Kiste.

Schritte:

Gehschritt, Kinderhüpfschritt.

Aufstellung:

Zu zweien, gut im Raum verteilt.

Und: Ein Solist mit der Stockpuppe ,,Adelaide''. Sie entsteht aus einem lustig herausgeputzten Perückenkopf, der auf einen Besenstiel aufgesteckt wird.

Alle tanzen mit dem Partner auf der Stelle oder im Zimmer herum. ,,Adelaide'' hüpft und springt mit ihrem Partner durch den Raum. Bald gibt der Solist das Besenfräulein an eine Tänzerin weiter und tanzt mit deren Partner. ,,Adelaide'' wechselt bald wieder zu einem neuen Partner usw.

Mit jeder anderen Stockpuppe oder auch einem großen Volksfest-Teddybären macht der Tanz genausoviel Spaß!

Tanz: Aus Deutschland
Fassung: Anneliese Gaß-Tutt

 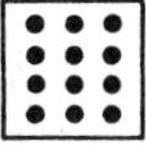   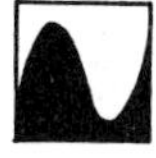 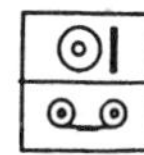

Windrädchen

2. Mit dem Wind spring' ich geschwind ...
3. Mit dem Wind hüpf' ich geschwind ...
4. Mit dem Wind saus' ich geschwind ...
5. Mit dem Wind lauf' ich geschwind ...
6. Mit dem Wind dreh' ich geschwind ...
7. Mit dem Wind braus' ich geschwind ...

usw.

(Diese Strophen sind Beispiele. Die Kinder finden diese Strophen selbst.)

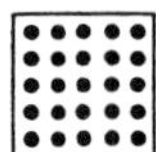

Lied und Tanz: Anneliese Gaß-Tutt

Aufstellung 1:

Aufstellung 2:

Schritte:
Jeweils passend zum Liedtext.

Tanz 1

Jedes Kind tanzt mit seinem Windrädchen frei im Raum. Die Schritte und Bewegungen entsprechen dem jeweiligen Text.

Tanz 2

Jedes Kind tanzt mit seinem Windrädchen und der Gruppe, die durch ein Kind angeführt werden kann. Die Schritte und Bewegungen entsprechen dem jeweiligen Text.

Vor Einführung dieses Tanzes sollten die Kinder schon öfter frei im Raum oder in der lockeren Gruppe getanzt haben.

Kinder und Windrädchen brauchen viel Platz!

Krusel Wusel, die Dschungelraupe

1. Bin ein - zig - ar - tig, un - be - kannt, von For - schern nie ent - deckt:
ich wu - se - le im Re - gen - wald, der Dschun - gel mich ver - steckt.
Ich ha - be vie - le Fü - ße, wie ich die ge - nie - ße,
stol - pern tu ich nie! Ich, das Kru - sel - vieh!

2. Im Urwald, meinem Jagdrevier,
da liegt ein Mammutbaum.
Ich krieche stöhnend drunter durch,
Sport war noch nie mein Traum.

3. Mein Lieblingsplatz im Regenwald
das ist der rote Fluß:
Im Wasser platsch ich nachmittags
und spritz mit jedem Fuß.

4. Entdecke ich den Jaguar,
mach' ich mich schnell ganz platt.
Ich weiß, auf Krusel-Wusel-Tier
er Riesenhunger hat.

5. Die eine Stelle, jedesmal,
vergeß' ich, welch ein Graus!
Denn beißen mich die Ameisen,
nehm' wuselnd ich Reißaus.

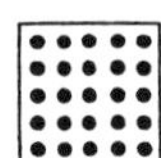

Melodie: Liselotte Rockel
Text: Gundula Tutt
Tanz: Anneliese Gaß-Tutt

Schritte:

Jeweils passend zum Text.

Aufstellung:

Alle in langer Reihe hintereinander. Jeder legt seine rechte Hand auf seine eigene rechte Schulter und faßt dort die vorgestreckte linke Hand seines hinter ihm gehenden Mittänzers.

Schritte:

Jeweils passend zum Text.

Aufstellung:

Alle in langer Reihe hintereinander. Jeder legt seine rechte Hand auf seine eigene rechte Schulter und faßt dort die vorgestreckte linke Hand seines hinter ihm gehenden Mittänzers.

Strophe 1

Als Krusel Wusel durch den Raum ziehen, wenn möglich alle mit dem rechten Fuß beginnen.

Strophe 2

Können alle gebückt miteinander weitergehen?

Strophe 3

Im Platsch-Schritt:

- ♩ Gehschritt rechter Fuß,
- ♩ Kick in die Luft mit dem linken Fuß,
- ♩ Gehschritt linker Fuß,
- ♩ Kick in die Luft mit rechtem Fuß. (Usw. bis Strophenende wiederholen.)

Strophe 4

Sich in der Hocke klein machen und ganz ruhig sich ,,verstecken".

Strophe 5

Krusel Wusel rennt davon . . .

Krusel Wusel läßt sich aufregend dramatisieren und phantastisch ausschmücken: mit Tüchern, Bändern, Papierschlangen oder gar -blumen.

Drehrad

Musik:
,,Fastnachtsmusik'', FF 3060.

Schritte:
Gehschritt.

Aufstellung:
Die Kinder stehen im großen Kreis, Blick zur Mitte, durchgefaßt. Im Innenkreis tanzen 4 Kinder: Sie fassen sich überkreuz, d. h., sie geben dem gegenüberstehenden Partnerkind ihre rechte Hand.

(Die Tanzteile werden entsprechend der Musik angesagt.)

TEIL A Großes Drehrad

Die Kinder im Außenkreis gehen in Tanzrichtung ↺. Die Kinder innerhalb des Kreises tanzen am Innenkreisrand gegen Tanzrichtung als Rad weiter. (Sie bewegen die freien Arme locker mit, nicht einstemmen!)

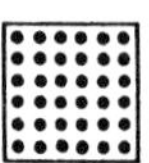
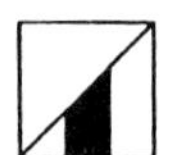

Tanz: Aus USA

TEIL B Kleines Drehrad

Die Kinder im Außenkreis bleiben stehen und wenden sich zur Mitte. Das kleine Rad dreht sich weiter: die 4 Kinder strecken die linken Arme aus, und einer um den anderen faßt aus dem Außenkreis einen neuen Partner. Dann wird die Radfassung gelöst, die Kinder tauschen im Rad die Plätze und das neue Drehrad bildet sich (= rechte Hände überkreuz). Während das neue Rad bis zum Ende von Teil B sich „ein"-dreht gehen die abgelösten Kinder in den Kreis zurück.

Von vorne.

Ist es ein großer Kinderkreis, tanzen mehrere kleine Drehräder in der Mitte.

Zum Erkennen der beiden Tanzteile hilft zu Beginn eine Ansage.

Variation (für „Könner"):

TEIL A im Gehschritt;
TEIL B im Kinderhüpfschritt;
dazu Musikvorschlag:
„Teppichknüpfen", FF 3060.

Geburtstags-Brücke

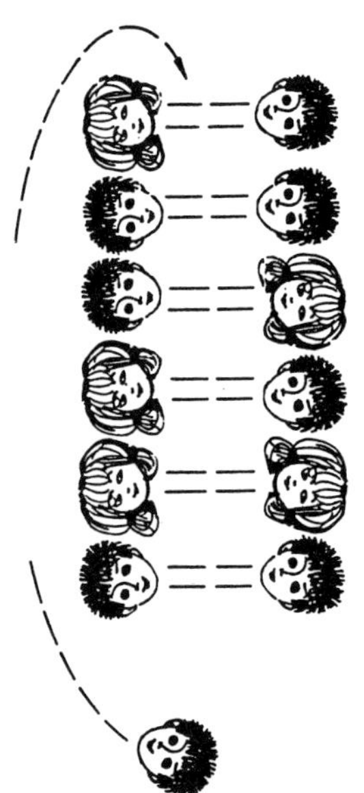

Schritte:

Gehschritt.

Aufstellung:

Das Geburtstagskind ist der Solist. Alle anderen stehen sich zu zweien gegenüber und geben sich beide Hände, die sie zur Brücke nach oben halten.

Alle Kinder singen. Das Geburtstagskind zieht im Bogen um die Brücke, geht unter ihr hindurch und nimmt bei jeder Strophe ein Kind mit, dessen Partner sich mit an die sich bildende Kinderschlange hängt.

Und so weiter, bis alle Kinder in der Schlage gehen.

Es sollten nicht mehr als 16 Kinder in der Brücke stehen.

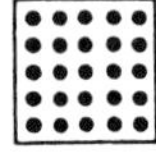

Lied und Tanz: Aus Deutschland
Text: Bearbeitet von AGT

Tunnel

Musik:
„Coronado", FF 3060.

Schritte:
Gehschritt.

Aufstellung:
Zu zweien in einem langen Zug, offene Fassung.

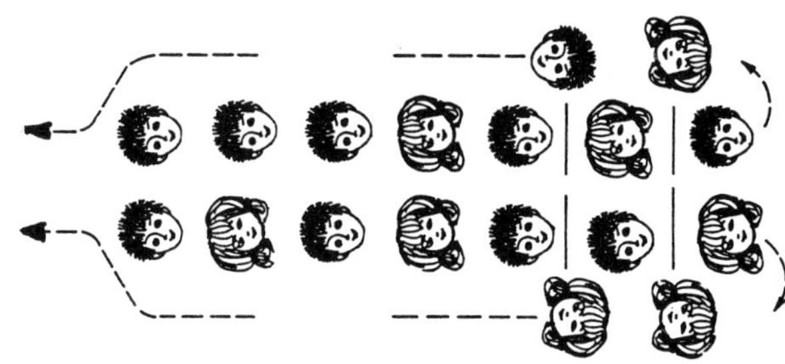

Kurzer Tunnel

Paar 1 führt alle durch den Raum. Am Ende einer geraden Strecke angekommen, löst Paar 1 die Fassung, wendet sich in die andere Richtung und gibt sich die anderen Hände zur neuen, offenen Fassung. Es hebt die Arme zum Tor und geht den anderen Kindern entgegen. Alle Paare folgen ihm der Reihe nach. Am Ende der Gruppe angekommen, geht Paar 1 weiter in die andere Richtung und senkt die Arme; alle Kinder folgen.

Langer Tunnel

Beginn wie beim „Kurzen Tunnel". Am Ende der Gruppe angekommen, tanzt Paar 1 wieder durch den Tunnel hindurch. Dazu wechselt es wieder die Fassung und Gehrichtung. Die anderen Kinder tanzen auf dieselbe Weise. Weitere Wiederholungen an beiden Tunnelenden lassen sich anschließen, so daß ein langer (dauernder) Tunnel getanzt wird. Auflösung: wie beim „Kurzen Tunnel".

Welcher Tunnel wann getanzt wird, richtet sich nach der jeweiligen Stellung im Raum und nach Lust und Laune von Paar 1.

Achtung: Nur bei großen Kindern können Erwachsene mittanzen, denn alle müssen unter den erhobenen Armen hindurch.

Tanz: Aus Deutschland

 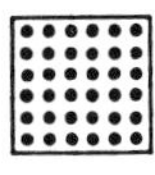    

Bingo

A

1. 'ne Da - me hat - te ei - nen Hund und Bin - go hieß der Hund, ___
der saß auf ih - rem Ka - na - pee, war fett und ku - gel - rund. ___

B

1.-5. B - i - n - g - o, B - i - n - g - o,
B - i - n - g - o war fett und ku - gel - rund. ___
B - I - N - G - O, ___ Bin - go!

2. Die Dame backte Gugelhupf
für ihren Bingohund,
den fraß er hops in einem Satz,
drum blieb er kugelrund.

3. Und eines Tages, ach und weh,
da war dem Lieblingshund
ganz schwindlig, schlecht und übel auch,
er war zu kugelrund.

4. Die Dame setzt ihn auf Diät,
den fetten, lieben Hund,
daß er nun dünner werden soll
und nicht mehr kugelrund.

5. Und nach fünf Wochen, welch ein Glück,
rennt da ein Pudelhund,
so rank und schlank und sportlich fit,
gar nicht mehr kugelrund.

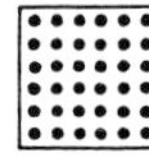
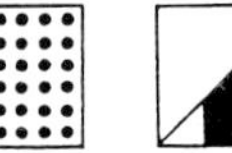

Melodie und Tanz: Aus USA
(Neuer) Text: Gundula Tutt

Schritte:

Gehschritt.

Aufstellung:

Zu zweien auf dem Kreis, Blick in Tanzrichtung, offene Fassung.

TEIL A Promenade

Alle gehen mit 16 Schritten in Tanzrichtung.

TEIL B Kreis

Sie fassen zum Kreis (= alle Blicke zur Mitte) und gehen weiter in Tanzrichtung. Zum Schluß Fassung lösen und zum eigenen Partner wenden.

TEIL C B-I-N-G-O-Kette

Im Lied bei:

„B“ dem Partner die rechte Hand geben,

„I“ einen Platz weitergehen und dem 2. Partner die linke Hand geben,

„N“ einen Platz weiter und dem 3. Partner die rechte Hand geben,

„G“ weitergehen, dem 4. Partner die linke Hand geben,

„O“ zum 5. Partner gehen und ihn in die Arme nehmen. Dazu rufen alle „Bingo!“ und fassen sich wieder zur neuen Promenade.

Von vorne. Jede Strophe hat dieselbe Tanzform, und es wird jedesmal der Partner gewechselt.

Auch zu einer instrumentalen Schallplattenmusik zu tanzen: „Bingo“, FF 1306.

Kopf und Schwanz

Musik:

,,Spring-ins-Feld'', FF 3060.

Schritte:

Laufschritte.

Aufstellung:

Je 6-7 Kinder in einer Reihe, durchgefaßt. Das erste Kind ist der ,,Kopf'', das letzte der ,,Schwanz''. Die Gruppen stehen frei im Raum.

Der ,,Kopf'' führt die Kinderschlange durch den Raum. Alle folgen. Nach 8 Takten (= 32 Laufschritten) löst sich Kind 1 von den anderen und läuft zum Ende der Reihe und wird der neue ,,Schwanz''. Mit dem neuen ,,Kopf'' tanzt die Schlange sofort ohne Unterbrechung weiter. Von vorne.

Zu Beginn hilft eine Ansage, bis sich die Kinder in die Musik eingehört haben.

Dieser Tanz ist die einfachste Form, jedes Kind schnell hintereinander zum Anführer der Gruppe zu machen. Außerdem üben alle, schnell zu reagieren und Übergänge zu tanzen.

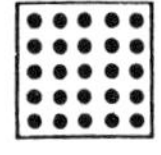

Tanz: Anneliese Gaß-Tutt

Ungarische Post

(Bei artistischen Dressurvorführungen zeigen Reiter und Pferde oft die ,,Ungarische Post'': Auf dem Rücken von zwei galoppierenden Pferden steht ihr Reiter! Daran knüpft dieser Tanz an.)

Musik:

,,Wechselspiel'', FF 1210.

Schritte:

Gehschritt, Laufschritt.

Aufstellung:

Zu Dreien. Sind es viele Kinder, stellen sich die Gruppen auf eine große Kreisbahn. Alle schauen in die gleiche Richtung. Die Dreiergruppe faßt rundum die Hände (siehe Aufstellungszeichnung).

TEIL A Dreigespann (Gehen)

Takt 1-16 Mit 32 Schritten gehen alle auf dem großen Kreis in Tanzrichtung ↺ .

Teil A

TEIL B Plätze wechseln (Laufen)

Takt 17-24 Platzwechsel 1

(17-20) Reiter und Pferde laufen 8 Schritte in Tanzrichtung ↺ .

(21-24) Sie tauschen die Rollen: Das vordere Kind läßt seine nach rückwärts gefaßte Hand los und tanzt hinter die Partner, die gleichzeitig vorwärts laufen (siehe Ablaufzeichnung).

25-32 Platzwechsel 2

Wie Takt 17-24, doch diesmal trennen sich die beiden Kinder vorne und laufen nach rechts bzw. links und umrunden ihren 3. Partner. (= 8 Laufschritte auf der Kreisbahn in Tanzrichtung ↺ , 8 Laufschritte zum Platztausch.)

Von vorne.

Teil B

Variation: Auf Zuruf wird die ,,Ungarische Post'' zum Mixer. Die Pferde bleiben stehen, alle Reiter wechseln ihr Gespann, d. h., sie suchen sich neue Partnerpaare als ,,Pferde''. Sonst wie oben.

 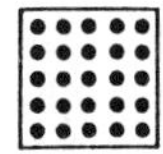    

Tanz: Aus Deutschland

Perlenweben

Musik:

,,Schaumburger Danzmusik'', Kallmeyer 61 520.

Schritte:

Laufschritt.

Aufstellung:

4-5 Linien von einer geraden Zahl Kinder nebeneinander; alle blicken in dieselbe Richtung, mit weiten Abständen von oben nach unten und von rechts nach links.

Vorbemerkung:

Es beginnt immer die linke äußere Linie, die anderen Linien folgen.

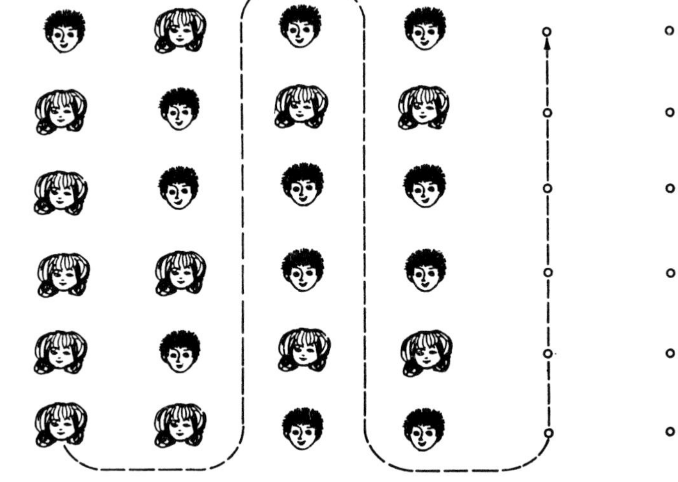

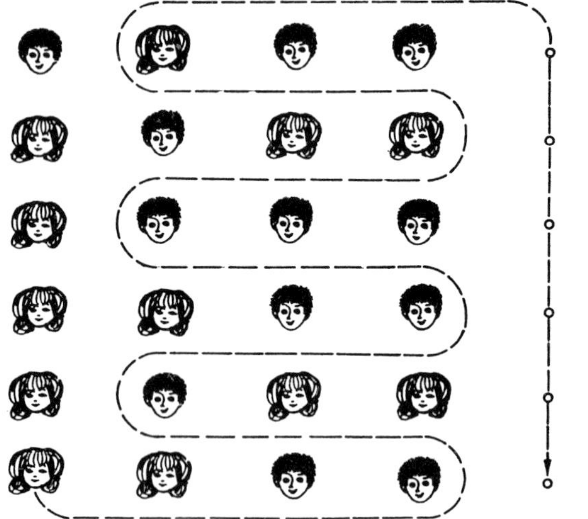

Figur 1

Muster längs

Die Kinder laufen entlang der Längslinien und bilden zum Schluß wieder eine neue Linie.

Figur 2

Muster quer

Die Kinder laufen entlang der Querlinien bis zur neuen Aufstellungslinie.

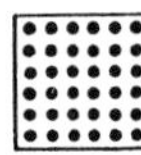
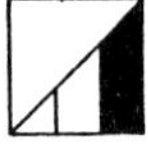

Tanz: Anneliese Gaß-Tutt

Figur 3
Ketteln
Weg siehe Ablaufzeichnung.

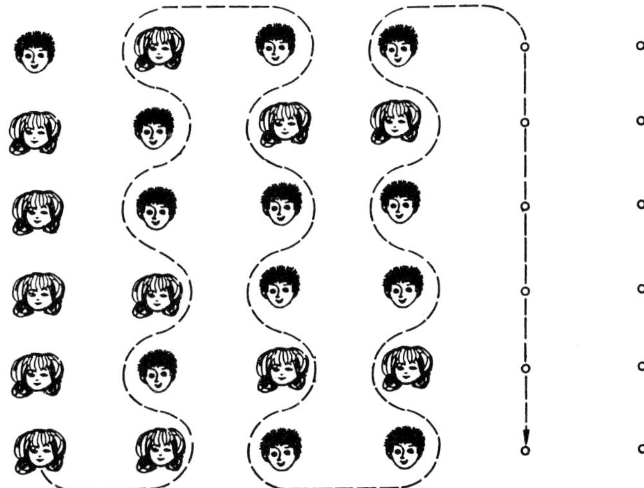

Figur 4
Doppeltes Ketteln
Weg siehe Ablaufzeichnung.

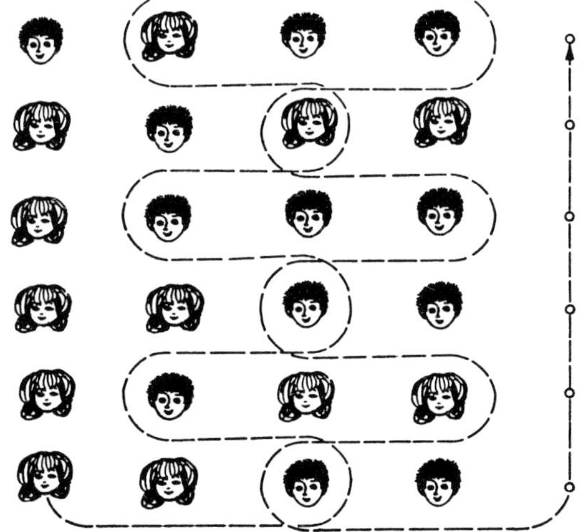

Figur 5
Vernähen:
Die erste Linie sucht sich unter Führung des ersten Kindes von seinem Aufstellungsplatz frei den Weg. Ebenso die folgenden Linien.

Figuren einzeln und nicht zu rasch aufeinanderfolgend einführen.

Mirelidon Tarantella-Mixer

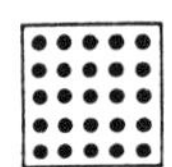
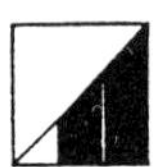

Lied und Tanz: Aus Italien (Neapel)

Schritte:

Kinderhüpfschritt, Laufschritt.

Aufstellung:

Je 2 Tänzer/Tänzerinnen stehen sich mit gut 1 m Abstand gegenüber und schauen sich an. Wenn möglich haben alle ein Schellentamburin in der linken Hand. Wenn nicht, wird beim Tanzen in die eigenen Hände bzw. auf die Handfläche des Partners geklatscht; Tamburinhaltung locker in Augenhöhe.

TEIL A Voreinander

Takt 1—4 Hüpfschritte am Platz: Linker Fuß beginnt, dabei schwingt das rechte Bein vor das linke; anschließend Hüpfschritt rechter Fuß, dabei schwingt das linke Bein vor das rechte. Usw. im Wechsel (insgesamt 8 Hüpfschritte).

5—8 Wie Takt 1—4 mit Begleitung auf dem Schellentamburin oder mit Klatschen in die eigenen Hände (siehe Lied bis X).

TEIL B Miteinander

Takt 9—10 Mit 4 kleinen Laufschritten aufeinander zutanzen. Beim 4. Schritt einmal auf das Tamburin (die Handflächen des Partners) schlagen.

11—12 Mit 4 leichten Hüpfschritten auf den Platz zurück, Tamburin dabei leicht hin und her bewegen, damit die Schellen klingen.

13—16 Die Partner haken mit dem rechten Arm ein und tanzen 2mal im Kinderhüpfschritt umeinander herum, dabei Tamburin oder linken Arm nach oben nehmen.

Von vorne, solange es Spaß macht.

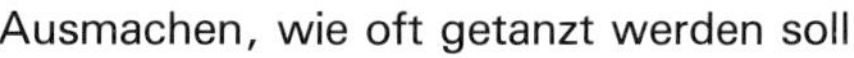

Ausmachen, wie oft getanzt werden soll.

Wenn die Tarantella 2-3mal durchgetanzt ist, vielleicht langsam und gemeinsam das Tempo steigern.

Partnerwechsel: Während der Hüpfschritte in Teil A. Wer so schnell niemand findet, tanzt zum Treffpunkt in die Mitte.

Miss und Mister Bamboo

Die Kinder in Indonesien kennen die Springtänze über zwei Bambusstöcke. Sie sind dort so beliebt wie bei uns der ,,Gummi-Twist''.

Schritte:

Schlußsprung.

Aufstellung:

2 Bambus- oder andere Stöcke (je um 2 m lang) werden im Abstand von ungefähr 50 cm auf den Boden gelegt. Das ist das ,,Erdgeschoß''. Oben und unten steht zwischen den Stöcken je ein Kind. Neben den Stöcken und zwischen den Standkindern steht der Springer oder die Springerin (siehe Aufstellungszeichnung).

außen links   innen   außen rechts

Tanzfigur Trommel

(Dieses Wort hat 2 Silben, das bedeutet für den Springer 2 Schlußsprünge. Es wird je Tanzfigur 8mal gesprungen.)

,,Im Erdgeschoß'' – die Stöcke liegen auf dem Boden.

1. Mal	2 Schlußsprünge außen rechts,
2. Mal	2 Schlußsprünge nach innen,
3. Mal	2 Schlußsprünge nach außen links,
4. Mal	2 Schlußsprünge außen links am Platz mit ½-Drehung (Richtung selbst auswählen!).
5.-8. Mal	Wie 1.-4. Mal, jedoch von diesem Platz aus zurück zum Ausgangsplatz. Der Springer schaut wieder in die Anfangsrichtung. Dann ist das ,,Erdgeschoß'' beendet.

,,Im Obergeschoß'' – die Stöcke werden von den Standkindern in Wadenhöhe gehalten. Die Sprungfolge ist wie beim ,,Erdgeschoß''.

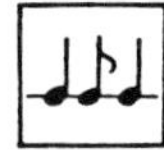

Tanz: Nach Tanzfiguren aus Indonesien
Zusammenstellung: Anneliese Gaß-Tutt

,,Erdbeben'':	Die Sprünge werden wie beim ,,Erdgeschoß'' getanzt, doch werden die Stöcke von den Standkindern zu den Sprüngen in ungefähr 10 cm Höhe hin und her bewegt. (Dies zuerst ohne Springen üben!)
Zum 1. Mal	Stöcke in der Luft und in der Mitte zweimal zusammenklopfen,
zum 2. Mal	Stöcke auseinanderführen und zweimal auf den Boden klopfen,
zum 3. Mal	Stöcke in der Luft und in der Mitte zweimal zusammenklopfen,
zum 4. Mal	Stöcke in der Mitte auf dem Boden zweimal zusammenklopfen.
5.-8 Mal	Wie 1.-4. Mal.

Nach jeder gelungenen Tanzfigur oder bei jedem Fehler wechselt der Springer mit den Standkindern der Reihe nach ab. Danach macht jeder weiter, wo er aufgehört hat.

Die Tanzfigur T r o m m e l kann auch
auf dem linken Bein allein,
auf dem rechten Bein allein
oder im Wechsel zwischen beiden Beinen getanzt werden.

Nach den gleichen Tanzregeln werden andere Sprünge getanzt, wieder nach den Wortsilben und dem entsprechenden Wortrhythmus.

Beispiele:

,,Seidentuch'':	3 Wortsilben im Rhythmus kurz-kurz-lang = jedesmal werden 3 Schlußsprünge in diesem Rhytmus getanzt.
,,Radfahren'':	3 Wortsilben im Rhythmus: lang-kurz-kurz = jedesmal werden 3 Schlußsprünge in diesem Rhythmus getanzt.
,,Klapperschlange'':	4 Wortsilben im Rhythmus: kurz-kurz-kurz-kurz = jedesmal werden 4 Schlußsprünge in diesem Rhythmus getanzt.

Variation: Auch nach eigenen lustigen Wortrhythmen springen, je nach Gruppensituation leichter oder schwerer.

Becherklopfen

 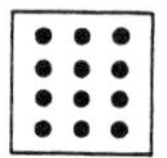    

Lied: Aus Deutschland
Rhythmusspiel: Nach einem Spiel aus Trinidad (mündlich überliefert)

Sitzweise:

Alle sitzen im Kreis auf dem Boden, Blick zur Mitte. Jeder hat einen leeren Joghurtbecher, der mit der leeren Öffnung nach unten steht.

Die Kinder klopfen strophenweise einen gemeinsamen Rhythmus und geben dabei den Becher im Kreis weiter.

Rhythmus 1 Alle klopfen 7mal mit dem Becher vor sich auf den Boden. Das 8. Mal stellen sie ihn nach rechts vor das Nachbarkind (Weitergabezeichen ,,x'' über den Noten).

Rhythmus 2 Alle klopfen mit dem Becher vor sich auf den Boden, jedoch bei den Worten ,,Mu'', ,,Schuh'', ,,no'' und ,,mo'' geben sie den Becher weiter nach rechts (Weitergabezeichen ,,o'' über den Noten).

Rhythmus 3 Alle klopfen — halb so schnell wie oben — mit dem Becher zuerst vor sich, dann zur Kreismitte hinein, vor sich und geben ihn dem Nachbarkind weiter (Weitergabezeichen ,,x'' über den Noten).

Jeden Rhythmus mindestens eine Strophe durchzuhalten versuchen! Nicht um die Wette klopfen. Bei diesem Rhythmusspiel sollte es keine Verlierer geben.

Auch mit der linken Hand versuchen; dann nach links weitergeben.

Sind Rollstuhlfahrer dabei, sitzen alle um einen Tisch und klopfen auf der Tischfläche.

Rassel-Tanz der Indianer

Trommel (Tamburin)

Die nordamerikanischen Indianer haben immer getanzt — früher, bevor sie zu ihren Kriegszügen aufbrachen, heute, wenn sie bei einem Pow Wow (sprich: Pau Wau) Freunde verabschieden, die in die Großstädte der Weißen gehen.

Schritte:

Seitschritt, Stampftritt, Nachstellschritt.

Aufstellung:

Sie stehen in 2 konzentrischen Kreisen: Die Männer und Jungen tanzen innen, die Frauen und Mädchen außen im Kreis. (Auch Gäste und Weißgesichter können mitmachen.) Alle haben in jeder Hand eine selbstgemachte Rassel, die bei jedem Schritt leicht mitgeschüttelt wird.

Rasseln lassen sich leicht selbst aus billigem Material (Plastikflaschen, Konservendosen, aber auch aus Flaschenkürbissen und Kokosnüssen basteln und verzieren.

Takt 1 Mit dem linken Fuß Schritt nach links seitwärts, rechten Fuß ohne Gewicht neben linken aufstampfen,

Takt 2 mit dem rechten Fuß Schritt nach rechts seitwärts, linken Fuß ohne Gewicht neben rechten aufstampfen.

Takt 3 Mit dem linken Fuß Schritt nach links seitwärts, rechten Fuß mit Gewicht neben linken setzen,

Takt 4 mit dem linken Fuß Schritt nach links seitwärts, rechten Fuß mit Gewicht neben linken setzen.

Diese Schritte werden immer wiederholt. Sie werden klein und mit verhaltener Kraft getanzt.

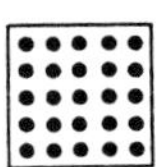
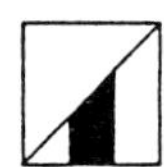

Aus USA
Aufzeichnung: Anneliese Gaß-Tutt

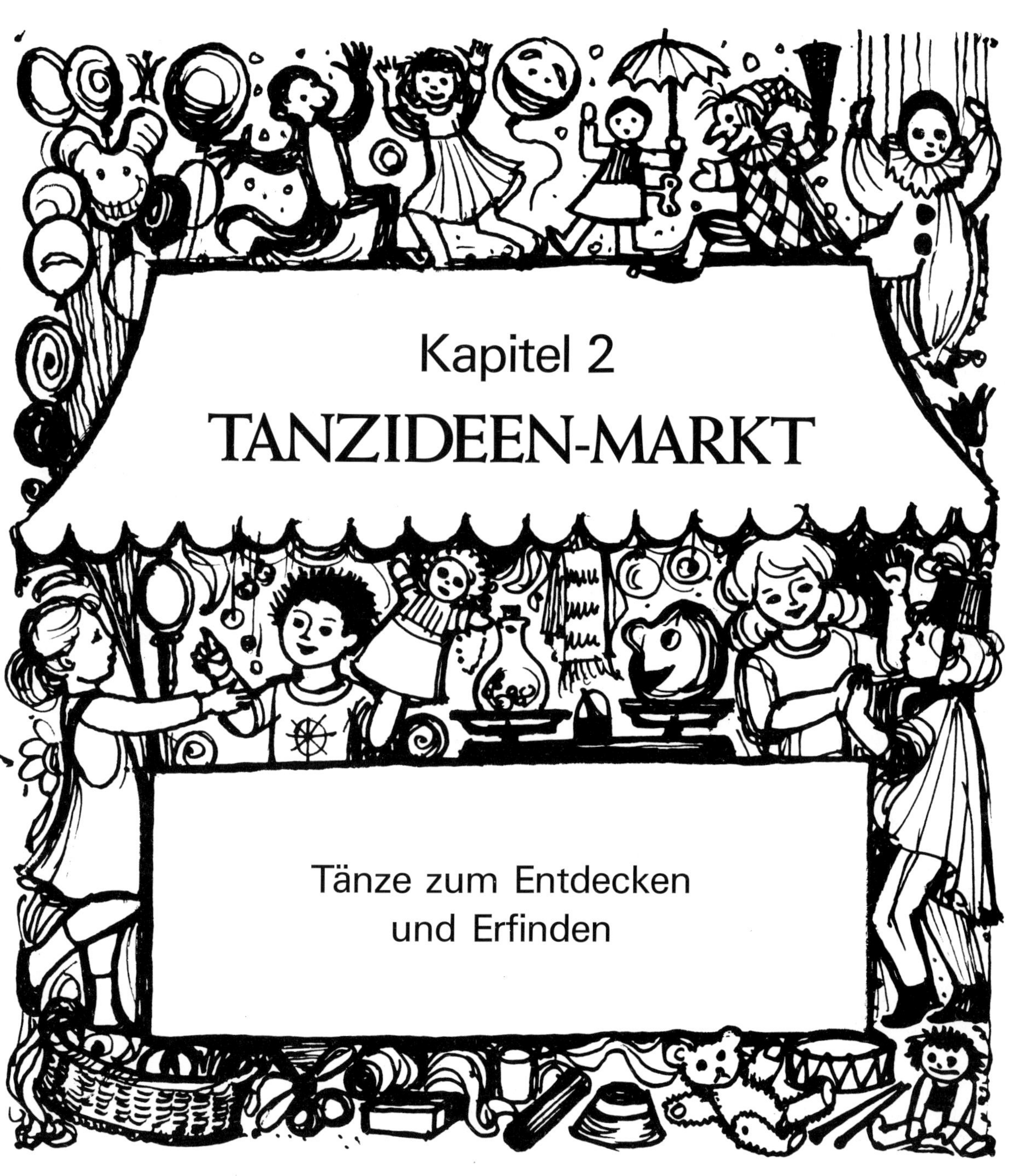

Kapitel 2

TANZIDEEN-MARKT

Tänze zum Entdecken und Erfinden

Luftballonella

Musik:

„Stop-Tanz“ Kallmeyer 61520.

Schritte:

Gehschritte.

Aufstellung:

Frei im Raum verteilt, einzeln oder zu zweit, s. u. Jeder bekommt einen Luftballon. Er bläst ihn auf und schreibt mit Filzstift seinen Namen darauf. (Ersatzballone sollten bereitgehalten werden.)

Ballon-Kuddelmuddel

Von allen Kindern werden die Luftballone in der Luft gehalten und mit leichter Bewegung durcheinandergewirbelt. Alle tanzen dabei. Die Musik bricht ab — jeder sucht seinen eigenen Ballon und spielt damit weiter, bis zu einem neuen Kuddelmuddel aufgefordert wird. Sonderaufgaben beleben das heitere Durcheinander, z. B. alle spielen sitzend auf dem Boden weiter; alle hüpfen nur auf einem Bein; alle spielen nur mit der linken bzw. rechten Hand usw.

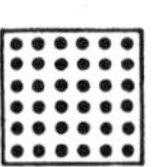

 Zusammenstellung: Anneliese Gaß-Tutt

Ballongespann

Je 2 Partner geben sich die Hand und tanzen zur Musik. Sie haben einen gemeinsamen Luftballon und versuchen, ihn mit den freien Händen in der Luft zu halten. Der Ballon kann auch mit den Knien, den Füßen, den Schultern, den Armen oder dem Kopf bewegt werden.

Knallballon

Jeder wirft für sich seinen Ballon in die Luft und treibt jeden in die Quere kommenden Ball hoch, so daß alle Ballone in großer Bewegung sind und vermischt werden. Knallt ein Ballon, wird sofort die Musik unterbrochen. Jeder sucht seinen eigenen Ballon. Das Kind, dessen Luftballon zerplatzt ist, bestimmt, welche Luftballonfarbe jetzt alleine tanzen darf. (Bis zum nächsten Knallballon hat es wahrscheinlich einen neuen Luftballon aufgeblasen.)

Baby Kong (Sitz-Boogie)

Musik:

,,Boogie-Mix'', Kallmeyer 61520.

Sitzweise:

Alle sitzen mit viel Ellbogenfreiheit im Kreis auf Stühlen ohne Armlehnen. Jeder soll jeden gut sehen können.

Alle sind Affen im Urwald. Ein mutiges Kind ist ,,Baby Kong''. Es beginnt mit einer leichten Bewegung, die zu einem Affen paßt. Alle machen sofort mit. Durch einen leichten Klaps auf den linken Oberschenkel seines rechten Nachbarn fordert ,,Baby Kong'' nach 8 Takten diesen zum Weitermachen auf. Der Nachbar zeigt die neue Bewegungsaufgabe für die ,,Affenbande'', usw.

Bewegungsbeispiele:

- sich abwechselnd mit den Fäusten auf die Brust klopfen;
- Kokosnüsse werfen;
- sich kratzen;
- Müde-Sein und sich zusammenducken;
- Grimassen schneiden;
- Hände hochwerfen und brüllen;
- Augen reiben usw.

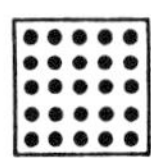
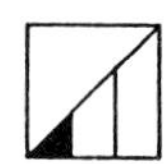

Sitztanz-Idee: Gundula Tutt

Propeller

brauchen Platz! Motor ist die ausgesuchte Musik!

Musik:
,,Alabama Jubilee Mixer'', FF 1305/FC 5.

Schritte:
Gehschritt, Laufschritt.

So sieht ein richtiger Kinder-Propeller aus:
(Es sind jeweils höchstens 10 Kinder.)

Die Mädchen und Jungen beginnen zu drehen. Sie merken rasch: Die inneren Kinder müssen kleine Schritte machen, damit die äußeren nicht wegfliegen. Wird die Schrittlänge zu groß oder ist gar das Tempo zu schnell, läßt der Nachbar auf Zuruf den Partner los und der Propeller wird immer kleiner, bis er sich ganz auflöst.

Inzwischen bauen die frei gewordenen Kinder wieder einen neuen Propeller auf, und ein um das andere Kind hängt sich für die neue Runde an.

Auf die angegebene Musik kann man gehen und laufen.

Variationen:
(Sie müssen untereinander abgesprochen sein.)
Es können viele kleine Propeller gebildet werden.

Vor dem Tanzen Propellergröße bestimmen. Dann darf sich der Propeller erst drehen, wenn z. B. 4 Kinder beieinander sind.

Wichtig: Nicht mit ,,wilden'' Kindern tanzen!

Tanz: Anneliese Gaß-Tutt

 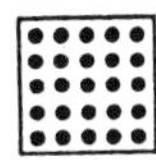 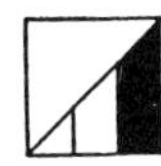   

Farben-Tänze

Musik:

Im geraden Takt, frei nach Wahl aus der eigenen Tanzmusik-Kiste.

Schritte:

Geh-, Lauf- oder Kinderhüpfschritt nach freier Wahl der Kinder.

Aufstellung:

Die Kinder sitzen in einem weiten Kreis.

Vorbemerkung:

Bei allen Tanzimpulsen bewegen sich die Kinder frei im Raum. (Siehe auch Variationen.)

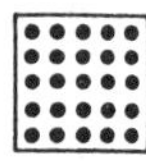

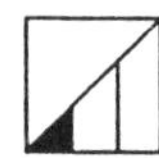

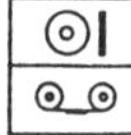

Tanzimpulse: Anneliese Gaß-Tutt

Impuls 1 Aus einer Menge einfarbiger Tücher in den Grundfarben Rot, Gelb, Blau und Grün dürfen die Kinder je ein Tuch mit ihrer Lieblingsfarbe wählen und herausziehen. Auch die Erzieherin/Lehrerin hat 4 Tücher in denselben Grundfarben. Sie hält Tuch um Tuch in freier Reihenfolge hoch. Wer die angezeigte Farbe hat, darf eine Weile im Kreis tanzen (= hüpfen, drehen, mit einem Kind im Paarkreis tanzen, mit anderen eine kleine Mühle bilden, einen Zweier-Propeller usw.), so lange, bis das nächste Tuch hochgehoben wird.

Impuls 2 Es werden Perlen in den 4 Grundfarben angeboten, jedes Kind nimmt seine Lieblingsfarbe heraus. Auf Zuruf des Farbnamens (z. B. ,,Rot!") bringen alle Kinder mit einer roten Perle diese zur Erzieherin/Lehrerin zur ,,Kontrolle" und dürfen danach eine Zeitlang tanzen.

Impuls 3 Eine Farbe (z. B. ein einfarbiger Stab, ein Farbenkennschild, ein größerer Bauklotz) wird gezeigt. Alle Kinder suchen an ihrer Kleidung, ob irgendwo die gezeigte Farbe zu finden ist. Beim kleinsten passenden Fleck darf mitgetanzt werden.

Das Kennenlernen bzw. Unterscheiden der verschiedenen Farben hat bei manchen Kindergarten- oder Grundschulkindern seine besonderen Schwierigkeiten. Auch Farbenblindheit läßt sich hier leicht erkennen.

Variationen:

- 2 oder 3 verschiedene Farben zwischendurch überraschend zusammen zeigen. Dann kommen zugleich viele Kinder an die Reihe und die Aufmerksamkeit wächst.
- Bei Tanzimpuls 1 und 3 zur Abwechslung in den verschiedensten Aufstellungen tanzen lassen, z. B. im Kreis, in der Schlange, in der Doppellinie.

Tschi-Tscha und Tschi-Tschi, die Tanzpuppen

Musik:

,,Harlekin-Jive'',
Kallmeyer 61520.

Schritte:

Nach eigener Wahl.

Aufstellung:

Zu zweien einander gegenüber.

Einer der beiden Partner ist die Tanzpuppe:
Tschi-Tscha heißt das Puppenmädchen,
Tschi-Tschi der Puppenjunge.
Am rechten oder linken Arm läßt sich die Puppe ,,aufziehen''. Dann tanzt sie auf der Stelle vor ihrem Partner, der den unbekannten Abstellknopf suchen muß. Dieser ist irgendwo: vielleicht am Kopf? Auf dem Rücken? Am Bauch oder Knie?
Findet der Partner diese Stelle, hört die Puppe auf zu tanzen.

Danach Rollenwechsel

 Tanzidee: Anneliese Gaß-Tutt

  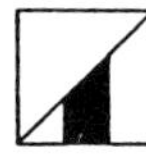   

Dschungel-Tanz

Musik:
,,Comics'', FF 3060.

Schritte:
Laufschritt.

Aufstellung:
2 ungefähr gleich große Gruppen stehen sich gegenüber. Gruppe 1 steht frei in ihrer Hälfte verteilt mit Blick zu den anderen Kindern. Gruppe 2 steht in Reihen mit Blickrichtung zu Gruppe 1. In den Reihen geben sich die Kinder seitwärts die Hände und halten sie mit Beginn des Tanzes zu Toren.

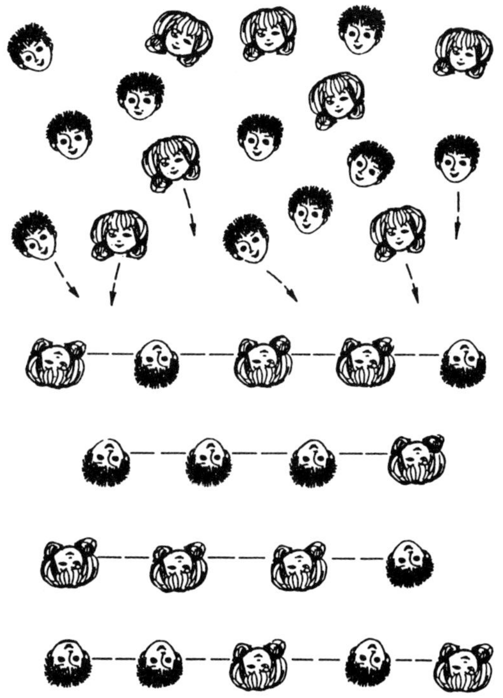

Tanzidee

Jedes Kind von Gruppe 1 sucht sich frei einen gewundenen Weg durch den ,,Dschungel'' (= Gruppe 2). Danach Rollenwechsel.

Variation: Die Dschungel-Gruppe bewegt sich ganz langsam vorwärts, Gruppe 1 entgegen. Sind alle am anderen Raumende angekommen, wird jedesmal die Rolle gewechselt.
(Die Kinder brauchen bei der Variation bereits ein gutes Gruppengefühl, damit der Rollenwechsel ohne Schwierigkeit getanzt werden kann).

Tanzidee: Anneliese-Gaß-Tutt

Krachmaschine (Lärm-Kanon)

Möglichkeiten:

Einstimmig gesungen: Jeder sucht sich einen Platz mit rundum Bewegungsfreiheit. Zwei Gruppen werden eingeteilt. Gruppe 1 macht den richtigen Lärm. Gruppe 2 singt. Alle Kinder bewegen sich wie Teile einer riesigen Maschine. Rollenwechsel der Gruppen nicht vergessen!

Mehrstimmig gesungen: Jede Gruppe ist eine Maschine an der Fließbandschiene. Sonst wie oben.

Wenn das Singen zu anstregend oder zu schwer wird: eine eigene Krachmusik auf Kassette aufnehmen und nach der Tanzidee tanzen.

Auch Rollstuhlfahrer können mitmachen.

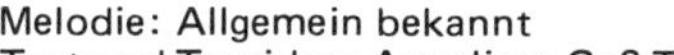
Melodie: Allgemein bekannt
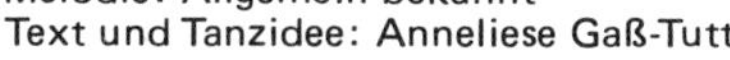
Text und Tanzidee: Anneliese Gaß-Tutt

 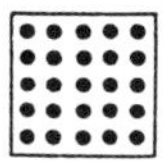 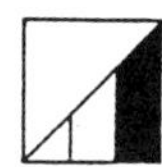   

Puppen-Tanz

Musik:

Frei nach Wahl aus der Tanzmusik-Kiste. ,,Spaßvögel'' Kallmeyer 61520.

Sitzweise:

Im Kreis mit viel Bewegungsfreiheit auf Stühlen ohne Armlehnen. Alle sollten sich gut sehen können.

Für jedes Kind ist seine Puppe, sein Teddybär oder sein Kuscheltier ein Partner zum Tanzen.

Anregungen (im Sitzen):

— Jede Puppe tanzt frei mit dem Kind im Rhythmus und im Tempo der Musik.
— Die Puppen schauen alle zur Kreismitte und tanzen sich gegenseitig zu.
— Eine Puppe um die andere tanzt vor, die anderen Puppen tanzen nach.

Variationen (in verschiedenen Aufstellungen)

Im Kreis mit Blick zur Mitte, ohne Fassung:

— Möglichkeiten wie im Sitzen;
— Kinder und Puppen gehen in kleinen Gruppen auf der großen Kreisbahn.

Im Kreis mit Blick zur Mitte, durchgefaßt:

— Kinder und Puppen bilden einen großen Kreis und gehen im Ringelspiel in Tanzrichtung ↺ und gegen Tanzrichtung

Einzeln (mit der Puppe), frei im Raum verteilt:

— Kind und Puppe tanzen frei nach der Musik, sitzend, am Platz oder in der Fortbewegung.
— Kind und Puppe gehen, hüpfen oder laufen zur entsprechenden Musik durcheinander.
— 2 Puppen (und die dazugehörigen Kinder) treffen sich und tanzen eine Zeitlang miteinander, bis sie sich wieder trennen.

Oder: Die Kinder tanzen mit ihren Puppen einen Kindertanz, z. B. ,,Festzug'', ,,Eierkuchen'', ,,Großer Bogen'' oder ,,Oze wieze''.

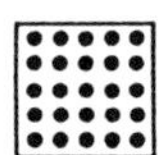

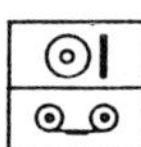

Tanzidee: Anneliese Gaß-Tutt

Fingertrommler (Finger-Boogie)

Musik:

Jede 8taktige Boogie-Musik.

Sitzweise:

Alle sitzen auf Stühlen im Kreis oder um den Tisch, nicht zu weit auseinander. Alle sollten sich gut sehen können.

TEIL A ,,Trommel'' (= 8 Takte lang)

Mit geöffneten und gestreckten Händen (Handinnenflächen schauen nach unten) und beiden Armen stellt jeder [durch sich überschneidende] kreisende Bewegungen die Trommel dar, je nach Vermögen klein, größer oder groß; vor sich in die Luft oder auf den Tisch.

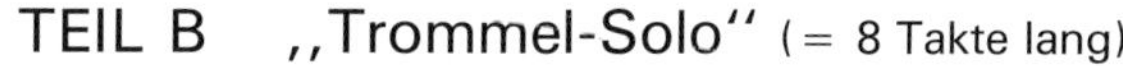

TEIL B ,,Trommel-Solo'' (= 8 Takte lang)

Möglichkeit 1: Jeder trommelt mit seinen Fingerspitzen — wie es ihm gefällt — auf seine Knie/den Tisch.

Möglichkeit 2: Der Reihe nach kommen alle zum Solo-Vorspiel und machen einfachste, sich rhythmisch wiederholende Trommelbewegungen vor. Die anderen versuchen, sie mitzumachen.

Von vorne.

Variation:

2 Kinder sitzen voreinander.

TEIL A wie oben

TEIL B Ein Kind hält die Hände (- innenflächen nach oben) zwischen sich und dem Partner, der andere trommelt darauf. Beim nächsten Mal Rollenwechsel.

Tanzidee: Anneliese Gaß-Tutt

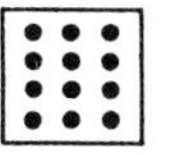

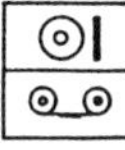

Spiegeleien

Musik:
,,Beat-Ballade'', FF 1280, FC 5.

Schritte:
Frei nach Wahl.

Aufstellung: Siehe unten.
Und: Ein Zeichen zum Rollenwechseln ausmachen!

Spiegelbild

Alle stellen sich zu zweit gegenüber. Eine(r) der beiden übernimmt die Rolle des Spiegels, der alle Bewegungen des Partners mitmacht: Haarekämmen, Zähneputzen, Gesichtwaschen, Schminken, usw.

Oder: (langsam) tanzen;
oder: in der Oper Theater spielen;
oder: ?

 Zusammenstellung: Anneliese Gaß-Tutt

 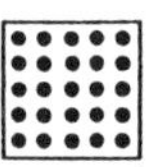 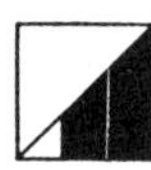   

Spiegelkabinett

Eine(r) bewegt sich langsam zur Musik, alle anderen stehen als ,,Spiegel'' im Spiegelkabinett um den Solisten herum, der langsam zu tanzen beginnt. Alle versuchen den Tanz so spiegelbildlich nachzuahmen, wie sie ihn von ihrem Platz aus sehen.

Die Solisten-Tanzrolle kann durch Zuruf weitergegeben werden.

Spiegelputzen

Alle suchen sich einen Partner. Die beiden legen die Handflächen gegeneinander und beobachten sich genau. Sie stellen sich zwischen den Händen die Spiegelfläche vor. Eine(r) beginnt nach der Musik den großen Spiegel zu putzen.

Als Zeichen zum Rollentausch kurz die Hände lösen.

Dalt del diri

A *Vorsänger/Alle* 1. 2.

Dalt del di - ri, di - ri di - ri di - ri do.

B *Vorsänger/Alle* 1. 2.

Dalt del di - ri di - ri di - ri di - ri di - ri do.

Lied und Tanz: Aus Portugal

Schritte:

Frei nach Wahl.

Aufstellung:

Um ein Solistenkind stehen alle anderen im Kreis ohne Fassung.

TEIL A Das Solokind macht eine von ihm ausgewählte Bewegung vor, die anderen beobachten.

TEIL B Die Kinder im Kreis machen die vorgemachte Bewegung nach. Zugleich wählt das Solokind ein neues Kind für die Mitte aus und tauscht mit ihm den Platz.

Von vorne, solange es Spaß macht.

Sind es viele Kinder, bilden sie mehrere Kreise bis zu höchstens 10 Kindern, und jede Gruppe tanzt ihre eigenen Tanzeinfälle.

Wirbelwind

Musik:

,,Mogelkette'', FF 3060.

Schritte:

Nach Wahl des anführenden Kindes.

Aufstellung:

Alle verteilen sich im Raum und sitzen auf dem Boden. Ein Kind ist der Wirbelwind und hat eine leuchtend bunte Raschelfahne in der Hand. (Raschelfahne: ein Stock, ca 30 cm lang mit bunten Krepp-Papierbändern, siehe Illustration.)

Das Wirbelwind-Kind steht auf und beginnt zwischen die Kinder zu tanzen. Wo es vorbeikommt, stehen sie auf und tanzen in der freibeweglichen Gruppe mit: Sie können sich mitwirbeln lassen, oder sie tanzen aus dem Windsog heraus, setzen sich und machen Pause. Nach einiger Zeit legt sich der Sturm, d. h., das Windkind und damit alle anderen Kinder tanzen immer ruhiger und verhaltener, bis alle auf dem Boden sitzen.

Inzwischen ist auch die Raschelfahne an ein anderes Kind abgegeben worden. Dieses übernimmt nach kurzer Pause plötzlich die Führung, und der ,,Sturm'' beginnt von neuem.

Variationen:

Die Raschelfahne kann durch ein leichtes, leuchtendes Chiffontuch ersetzt werden.

Ist Zeit für Spaß kann man einen Stoß Zeitungspapier über den ganzen Boden verteilen. Beim Tanzen werden sie durchstöbert, weitergeschoben, zerrissen.

Mit 2 oder 3 Raschelfahnen geht es sehr stürmisch zu und der Sturm legt sich erst, wenn die Musik zu Ende ist.

 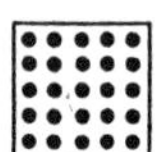    

Tanzidee: Anneliese Gaß-Tutt

Zwiegespann

Musik:

,,Wald-Amorbacher Gänsemarsch'', Kallmeyer 61520.

Schritte:

Gehschritt, Laufschritt.

Aufstellung:

Je 2 Kinder stehen hintereinander. Das hintere Kind legt seine beiden Hände auf die Schultern oder Hüften des Vorderen.
Oder: Sie fassen ihr gemeinsames Fahrzeug, das sie selbst gebastelt haben.

Zur Wahl stehen Themen, die zu zweit ausgeführt werden:

Zweirad / Tandem
Motorrad mit Beifahrer
Lastwagen mit Container.

Wege: gerade Straße, Links- und Rechtskurve, Kreisverkehr, Rückwärtsfahren, Überholen.

Hilfestellung: Mit Seilen Straßenwege und -kreuzungen legen. Es gelten die Regeln des allgemeinen Straßenverkehrs.

Das Thema ist, oberflächlich gesehen, recht einfach. Es gehört jedoch Selbstsicherheit dazu, einen Partner zu führen, und Vertrauen, sich vom Partner führen zu lassen. Die Kinder müssen zu zweit einen gemeinsamen Weg finden, ohne einen Unfall zu bauen.

Tanzidee: Anneliese Gaß-Tutt

  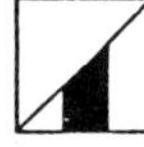   

Im Sommer oder Herbst ist Zeit für eine SPASS-PARTY! Thema:

Modeschau

Vorbereitung: Einladung der Gäste mit Eintrittskarte samt Auftrittsnummer;

Improvisierter Laufsteg;

Cassettenrecorder für die notwendige Musik;

Wer ist Moderator(in)? Er oder sie sollten sich einige Späße, Sprüche und Tänze überlegen;

Wer kennt sich in der Musiktechnik aus und ist für die Musik und Ansage verantwortlich?

Empfang der Gäste

Programm: mit Abgabe der Eintrittskarten und der Modellbeschreibung. Der Gastgeber oder Moderator ordnet die Karten nach der Nummer und legt so die Auftrittsreihenfolge der Modelle fest.

Anschließend

Modeschau

Vorstellung der Modelle und deren Vorführung mit Musik. Jedes Modell bekommt seinen eigenen Auftritt und bewegt sich seiner Kleidung entsprechend über den Laufsteg. Beifall?

Und

Tanz für alle

(Wem die Ideen dafür ausgehen, der findet sicher in den anderen Titeln und Kapiteln Anregungen.)

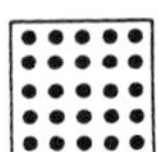
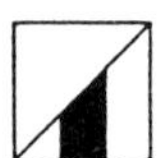

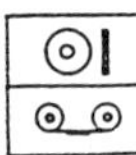

Zusammenstellung: Anneliese Gaß-Tutt

Eine verkleidete Papprolle wird zum Mikrofon des Moderators.
Eine spanische Wand sorgt für den wirkungsvollen Auftritt.
Ein sachverständiges Publikum bringt gute Stimmung mit.

Zwischen aufgehängtem Leintuch und Licht tanzt das

Schattengespenst

Musik:

,,Ulaner und Trideride'',
Kallmeyer 61520.

Schritte:

Frei nach Wahl des Solistenkindes.

Aufstellung:

Siehe Illustration.

Vorbereitung:

Ein Ständer, ein Leintuch,
eine Lampe zum Verstellen.

Vor der durchscheinenden Wand beobachten die Kinder das Schattengespenst und tanzen mit ihm, bis ihm seine Einfälle ausgehen.

Dann ruft (schreit, flüstert) es einen Namen, und das aufgeforderte Kind tanzt zu ihm hinter die Leinwand. Das frühere Gespenst verschwindet, d. h., es mischt sich unter die anderen Kinder. Das neue Gespenst tritt in Aktion.

Das eine Gespenst tanzt verrückt, ein anderes scheu und schüchtern oder vielleicht übertrieben, bescheiden, angeberisch, frech, brav oder einfach vor sich hin.

Jammern, wimmern, heulen, stöhnen gehören zum Gespenstertanz.......

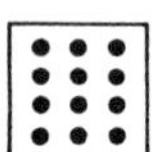

Tanzidee: Anneliese Gaß-Tutt

Zappelphilipp-Zappelphilippine

Musik:

„Boogie Time", FF 3060.

Schritte:

Sprungschritte nach freier Wahl.

Aufstellung:

Einzeln, frei verteilt, nicht zu dicht.

Jeder beginnt abwechselnd und je 2mal auf dem rechten oder linken Bein zu hüpfen; mit dem freien Bein kicken alle dabei energisch nach vorn oder rückwärts, auch zur Seite, wohin jeder will und wo Platz dafür ist. Dann werden die Arme mit dazugenommen und nach oben geschlenkert, auch vor- oder rückwärts, zur Seite oder nach unten — jeder zappelt sich aus!

Nach 2 Minuten Strampelsport brauchen alle eine Pause.

Tanzidee: Anneliese Gaß-Tutt

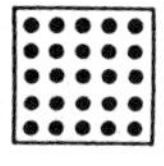
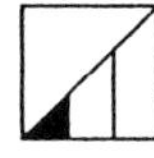

Walky-Talky

Aufstellung:

Je 2 Partner stehen oder sitzen sich gegenüber.

Statt mit der Stimme wird hier mit Bewegungen gesprochen. (Nicht einmal Musik ist notwendig!)

Stufe 1 Durchsage und Bestätigung

Einer der beiden Partner beginnt, mit einem Körperteil eine rhythmische Frage zu stellen — das andere Kind antwortet mit derselben Bewegung als Bestätigung.

Stufe 2 Gespräch

Ein Partner beginnt mit einer rhythmischen Frage, der andere antwortet mit einer ähnlichen Bewegung eines anderen Körperteils. Beispiele:

Frage:	Antwort:
mit dem rechten Fuß auf und ab tippen	mit der rechten Hand auf und ab wedeln
mit den Augen blinzeln	mit den Lippen den Mund auf- und zumachen
mit den Händen klatschen	mit den Fußknöcheln aneinanderklappen

usw.

Stufe 3 Funkstörung

Die Funkwellen werden gestört: Die beiden Partner bewegen sich unterschiedlich und spielen verrückt.

Neuer Beginn mit Rollenwechsel.

Zwischen den Stufen 1-3 kann ein gesprochenes ,,klick" das Zeichen zum Umschalten sein.

Tanzidee: Anneliese Gaß-Tutt

Kapitel 3

TANZ-BAROMETER

Tänze zum Leisesein, Loslegen und Lärmen

Schni-Schna-Schneck

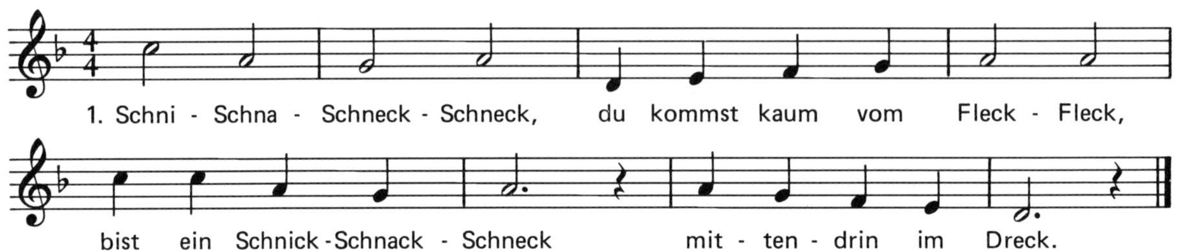

2. Schni-Schna-Schnaugen,
   deine Knöpfchenaugen
   finden einen Weg
   mittendrin im Dreck.
3. Schni-Schna-Schnörner,
   deine großen Hörner
   schlüpfen weg vor Schreck
   mittendrin im Dreck.
4. Schni-Schna-Schnäuschen,
   hast ein prima Häuschen,
   es ist dein Versteck
   mittendrin im Dreck.
5. Schni-Schna-Schneckig,
   du bist gar nicht schleckig,
   alles frißt du weg
   mittendrin im Dreck.

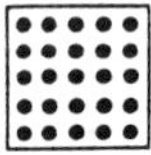

Melodie: Liselotte Rockel
Text: Anneliese Gaß-Tutt
Tanz: Aus Deutschland

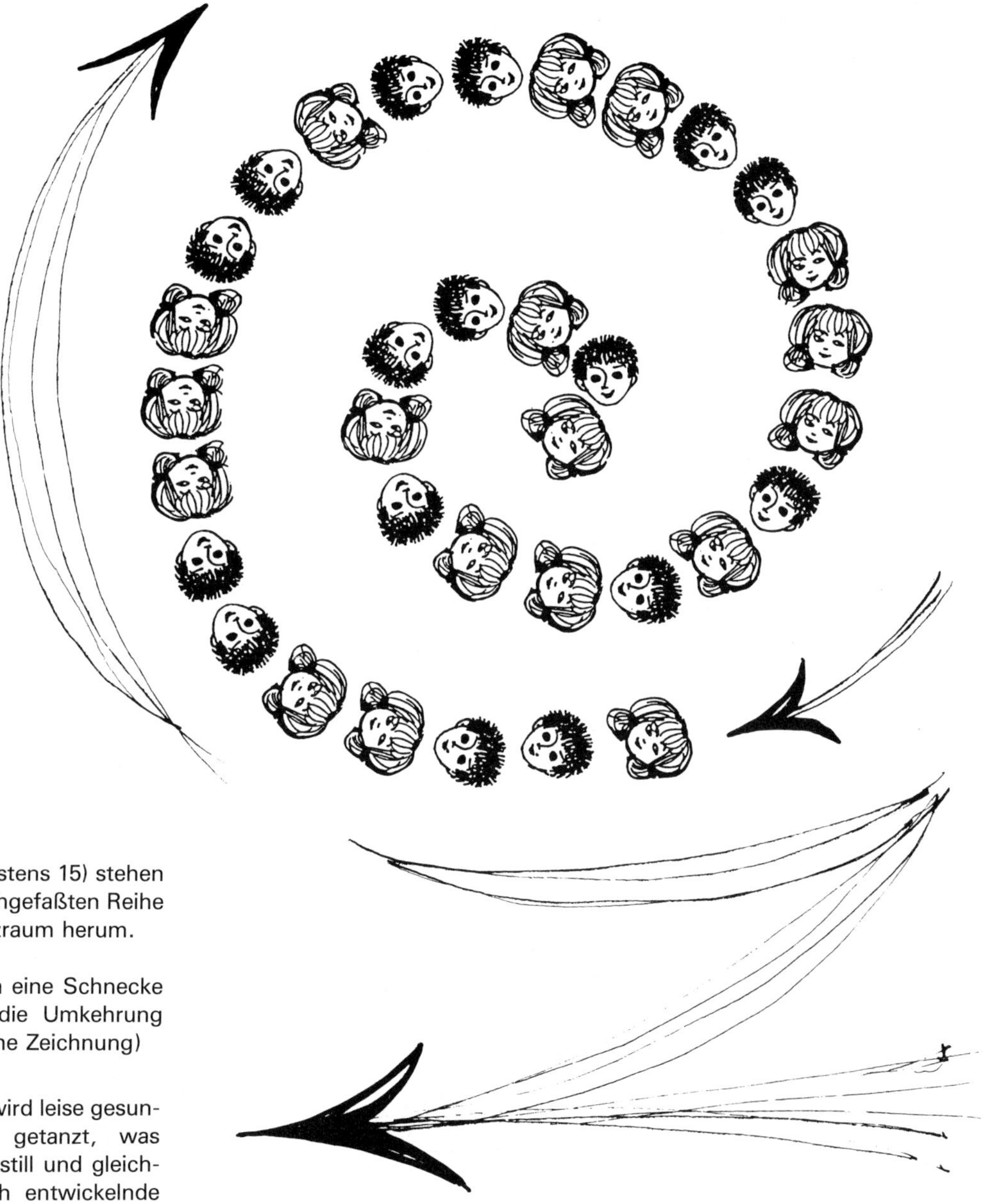

Schritte:

Gehschritt.

Aufstellung:

Viele Kinder (mindestens 15) stehen in einer langen durchgefaßten Reihe außen um den Tanzraum herum.

Die Kinder gehen in eine Schnecke hinein und durch die Umkehrung wieder hinaus. (Siehe Zeichnung)

Das Lied wird leise gesungen und getanzt, was durch die still und gleichmäßig sich entwickelnde Tanzform möglich ist.

Willa wa

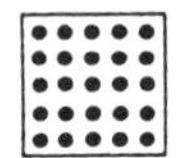
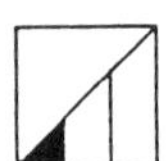

Melodie: Aus USA
Text: Mündlich überliefert
Sitztanz: Anneliese Gaß-Tutt

Sitzweise:

Alle Kinder sitzen im Kreis auf Stühle ohne Armlehnen. Keiner soll den andern behindern, und alle sollten sich gut sehen können.

Vorbemerkung:

Dieser Sitztanz hat die verschiedenen Körperteile und ihre typischen Bewegungen zum Thema.

TEIL A Bewegungsaufgabe

Takt 1—4 Der Erwachsene beginnt mit einer typischen Körperbewegung. Die Kinder erkennen die Bewegung, übertragen sie auf ihren Körper und bewegen sich mit.

Beispiele:

- mit dem Kopf nicken
- sich strecken
- blinzeln
- Hände spreizen und zur Faust schließen
- mit den Füßen am Platz gehen usw.

TEIL B „Popo"-Gang

Takt 5—6 Wir gehen mit dem Popo auf dem Sitz: mit 4 „Schritten" (= mit der rechten Seite, mit der linken Seite usw.) und kommen dabei auf dem Sitz vorwärts und ebenso wieder zurück. (Die Hände geben Halt, sie greifen rechts und links um die Stuhlkanten.)

Von vorne, solange es Spaß macht.

Variation von Teil A

Ein Kind um das andere macht eine typische Körperbewegung vor (je für 1 Strophe).

Variation von Teil B

Takt 5—6 wie oben,
Takt 7 aufstehen,
Takt 8 hinsetzen.

Oze wieze – Schaukel-Tanz

(z wie s und v wie w gesprochen!)

Vorstellungsbilder machen die Schaukelbewegung zum Spiel:

Schaukel

Aufstellung:

Je 2 Kinder sitzen sich gegenüber und fassen sich an den Händen.

Es geht los:

— vor- und rückwärts, nach der einen Seite, nach der anderen Seite, vielleicht auch rundherum;
— ein Kind gibt die Richtung an, das andere versucht, diese mitzuschaukeln: zuerst in Zweihandfassung, dann vielleicht ohne Fassung.

Kinderreim: Aus Holland
Sitztanz: Anneliese Gaß-Tutt

 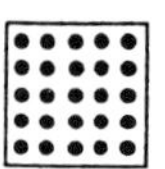   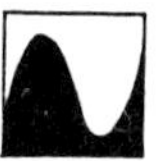 

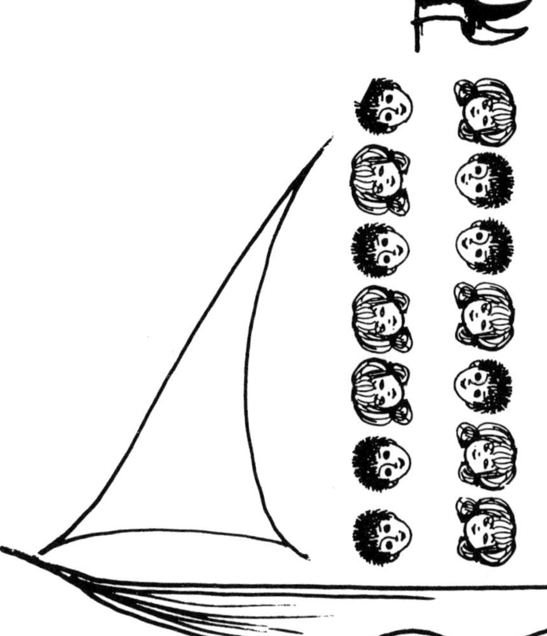

Boot

Aufstellung:

Alle sitzen hintereinander ohne oder mit Fassung: Jedes Kind hat beide Hände auf den Schultern des Vorderen, die beiden Kinder in der Mitte geben sich beide Hände.

Ein Schaukelmuster wird abgesprochen. Beispiele:
- 2mal vorwärts, 2mal rückwärts im Wechsel usw.
- Je 1mal vorwärts – rückwärts – nach rechts – nach links usw.
- Die eine Reihe macht ein Bewegungsmuster aus, die andere läßt sich von ihr führen.
- Die Zweierreihen bewegen sich gegenläufig.

Brauchen wir einen Steuermann?

Schaukelschiff

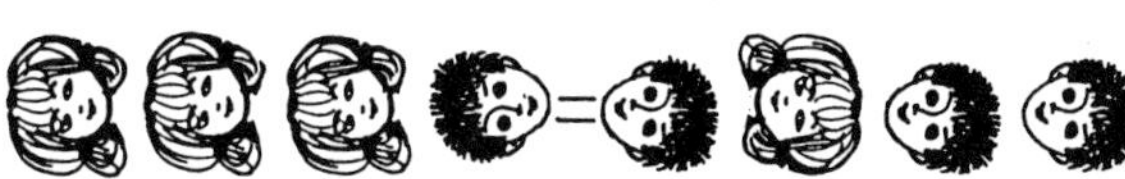

Aufstellung:

Die Kinder sitzen in 2 Gruppen einander gegenüber.

Sie schaukeln und schunkeln miteinander und schwingen alle in dieselbe Richtung: Das ganze Schiff schaukelt nach vorne, nach hinten, zur einen Seite, zur anderen Seite usw.

An einem Tag nicht zu viele Bewegungsmuster entdecken lassen oder anbieten.

Bei den vielen sich ergebenden Möglichkeiten wird das holländische Kinderlied sehr mitgenommen.

Musikvorschlag: „Hühnerscharr“, Kallmeyer 61520.

Einrollen

2. Papier rollt ein zur Rolle fein,
recht rund und groß, und dann geht's los!

3. Den Teig rollt ein zur Brezel fein,
recht rund und groß, und dann geht's los!

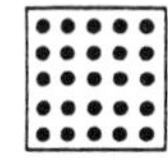
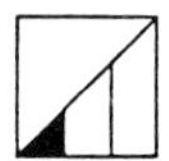

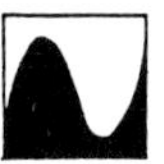

Lied und Tanz: Altes Bewegungsspiel aus Deutschland ergänzt von Anneliese Gaß-Tutt (Strophe 2 und 3)

Sitzweise:

Alle sitzen im Kreis auf Stühlen — ohne Armlehnen — mit viel Bewegungsfreiheit.

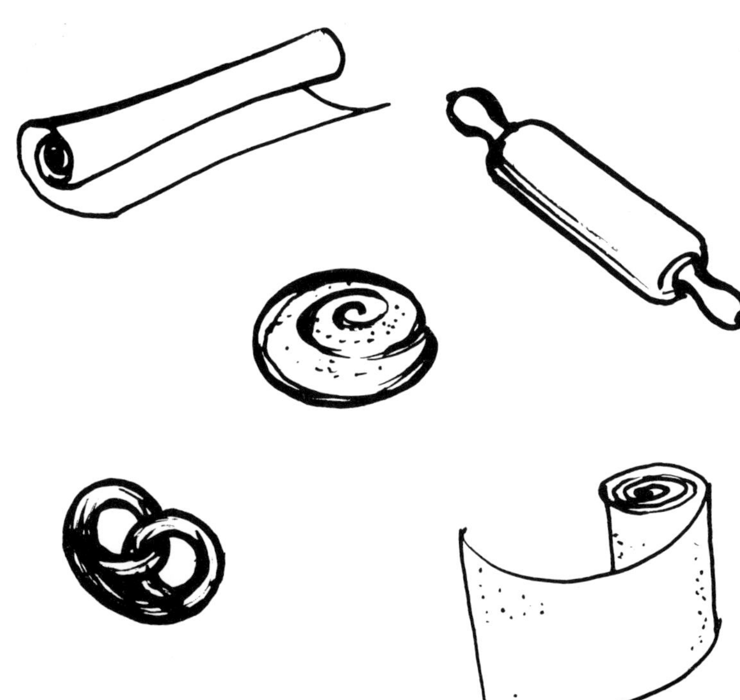

Auf die Betonung im Notenbild werden die Kinder aktiv:

Strophe 1 Sie bücken sich, formen unsichtbare Schneebälle und „beschießen“ sich gegenseitig nach dem Singen mit ausholender Gebärde.

Strophe 2 Sie nehmen ein großes Stück Papier, rollen es zur Rolle und „gucken“ sich gegenseitig an.

Strophe 3 Sie rollen den Teig, formen unsichtbare Brezeln daraus und „essen“ sie mit Heißhunger auf.

Wer findet neue Strophen?

Karussell

1. Das Ka - rus - sell dreht sich nicht schnell,
das Ka - rus - sell dreht sich nicht schnell. (Kehrreim:)
2. Das Ka - rus - sell - sell dreht sich schon schnell - schnell,
das Ka - rus - sell dreht sich schon schnell. (Kehrreim:)
3. Das Ka - rus - sell - sell - sell dreht sich ganz schnell - schnell - schnell,
das Ka - rus - sell dreht sich ganz schnell. (Kehrreim:)
Kehrreim
1.-3. Hol - la wol - la sol - la tol - la hol - la wol - la sol - la tell,
das Ka - rus - sell dreht sich nicht schon ganz schnell.

Schritte:

(= leicht gekreuzt)
Gehschritt, Laufschritt, evtl. Seitgaloppschritt.

Aufstellung:

Je 4—7 Kinder stehen im Kreis mit Blick zur Mitte. Jedes hält sich mit der rechten Hand am gemeinsamen Gymnastikreifen fest. Die freien linken Hände werden hochgehalten.

Im Liedtext steckt die Tempo-Aufgabe, nach ihm wird auch der Schritt für die einzelnen Strophen gewählt.

Strophe 1: im normalen Gehschritt;

Strophe 2: im zügigen Gehschritt oder leichtem Laufschritt;

Strophe 3: im Laufschritt, je nach Alter und Situation auch im Seitgaloppschritt;

Strophe 4: wie Strophe 2;

Strophe 5: wie Strophe 1.

Durch Handwechsel wird beim nächsten Mal die Richtung gewechselt, damit der Gleichgewichtssinn nicht zu sehr belastet wird.

Musikangebot zum Karussell-Tanzen:
„Kettenkarussell“, Kallmeyer 61520.

Lied: Anneliese Gaß-Tutt
Tanz: Aus Deutschland

  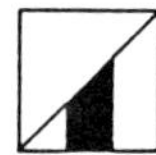   

Wildfang

2. ... Ich komme aus dem Trommlerland,
   jeder, der gut trommeln kann ...
3. ... Ich komme aus dem Hopserland,
   jeder, der gut hopsen kann ...
4. ... Ich komme aus dem Kreiselland,
   jeder, der gut kreiseln kann ...
5. ... Ich komme aus dem Trampelland,
   jeder, der gut trampeln kann ...
6. ... Ich komme aus dem Hüpferland,
   jeder, der gut hüpfen kann ...
7. ... Ich komme aus dem Boxerland,
   jeder, der gut boxen kann ...

usw.

(Diese Strophen sind Beispiele. Jeder „Wildfang" überlegt sich seine Bewegung.)

 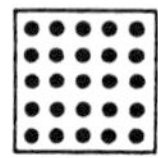    

Melodie: Aus Dänemark
Text und Tanz: Anneliese Gaß-Tutt

Schritte:

Gehschritt und frei nach Wahl.

Aufstellung:

Ein Kind steht in einem weiten Kreis von höchstens 12 Kindern; alle Blick zur Mitte, durchgefaßt.

TEIL A Einleitung

Die Kinder im Kreis stehen und schwingen singend mit den Händen. Das Solokind geht im Kreis herum und bleibt am Schluß in der Mitte stehen.

TEIL B ,,Wildfang''

Es macht seine ,,Wildfang''-Bewegung vor, alle machen sie nach. Zum Schluß geht, hüpft oder springt es auf ein anderes Kind im Kreis zu. Sie wechseln die Plätze, und der neue ,,Wildfang'' kann beginnen.

Klapperschlangen-Klatsch

Sitzweise:

Alle in gleichlangen Reihen, die Partner sitzen sich gegenüber und schauen sich an.

Aufstellung 1

Aufstellung 2

TEIL A Miteinander

Takt 1 ♩ 1mal mit dem Partner rechte Hände zusammenklatschen,
♩ 1mal mit dem Partner linke Hände zusammenklatschen,
♩♩♩ 1mal gegenseitig mit beiden Händen zusammenklatschen.

Takt 2 3mal auf die eigenen Knie patschen.

Takt 3—4 Wie 1—2

TEIL B Jeder für sich

Takt 5 ♩ 1mal rechte Hand auf eigenes, linkes Knie,
♩ 1mal linke Hand auf eigenes, rechtes Knie,
♩ 1mal beide Hände auf eigene Knie.

Takt 6 ♩♩♩ 3mal in die eigenen Hände klatschen.

Takt 7—8 Wie 5—6.

Von vorne.

Das Liedchen ist ein Kanon. Deshalb sind die Bewegungen auch zum gesungenen Kanon im Kanon zu klatschen.

Besonders lustig wird es, wenn alle überkreuz klatschen. Dazu neue Stellung der Stühle: zu vieren in einem kleinen Kreis. Die gegenüber, d. h. überkreuz sitzenden Kinder sind Partner (Aufstellung 2).

 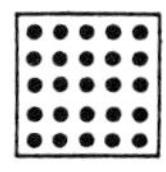    

Melodie und Tanz: Anneliese Gaß-Tutt
Text: Allgemein bekannt

Polterkinder

2. Holler boller rumpumpum,
   wir poltern all im Kreis herum ...

Schritte:

Frei nach Wahl der Kinder.

Aufstellung:

Alle stehen im Kreis mit Blick zur Mitte. Ein Solistenkind ist in der Mitte. (Es sollten nicht zu viele Kinder sein.)

Strophe 1 Das Solistenkind macht seine Art zu poltern vor: laut im Schlußsprung springen oder hüpfen, stampfen, auf den Boden trommeln.

Strophe 2 Alle machen das Poltern nach. Während oder am Schluß der Strophe bestimmt das 1. Polterkind seinen Nachfolger.

Von vorne.

Variation: Die ,,Polterkinder'' lassen sich auch in der Aufstellung frei im Raum tanzen.

Man sollte die Kinder hier richtig sich austanzen, austoben und abreagieren lassen. Deshalb nicht zu strenge Maßstäbe anlegen.

Tip: Damit dieser Tanz auch ein anderes Mal noch Spaß macht: vorher festlegen, wie viele Kinder heute poltern dürfen: z. B. ,,Heute 5 Kinder!''; ,,Heute 3 Kinder!'' usw.

Melodie: Liselotte Rockel
Text und Tanz: Anneliese Gaß-Tutt

 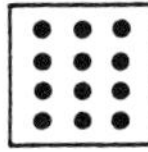 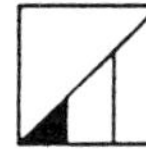   

Kinder-Kette

Musik:

„Party-Bummel", FF 3060.

Schritte:

Gehschritt.

Aufstellung:

Diesen Tanz muß ein Erwachsener anführen.

Alle stehen im großen Kreis, Blick zur Mitte, Hände gefaßt; nur beim anführenden Erwachsenen ist der Kreis offen. Mindestteilnehmerzahl: 20.

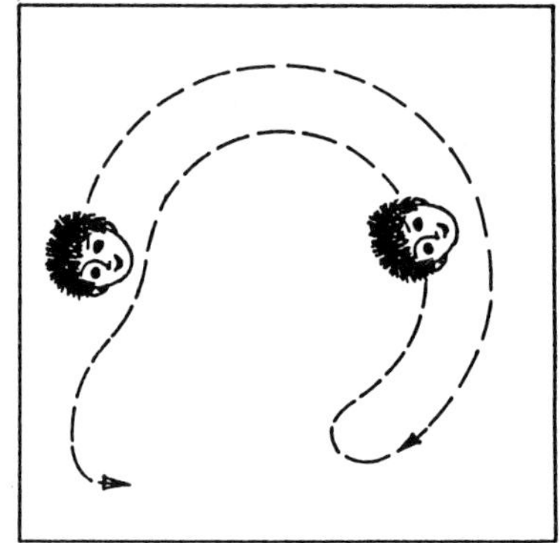

Figur 1

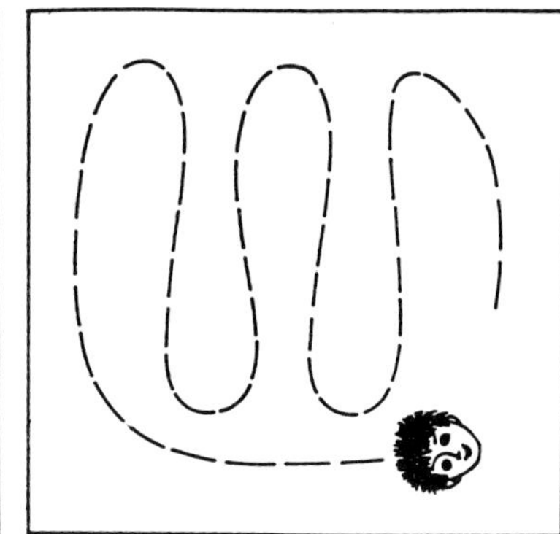

Figur 2

Figur 1 **Begrüßung**

Mit einer leichten Rechtskurve geht der Erwachsene einen Schritt zur Mitte und tanzt am Kreisinnenrand mit Blick zu den anderen entlang bis zu seinem Ausgangsplatz. Alle gehen mit, wenn sie an die Reihe kommen.

Figur 2 **Schnur**

Tanzweg siehe Ablaufzeichnung.

Figur 3 **Schlangennest**

Sehr eng hineinführen. Keiner läßt die Hand des Nachbarn los. Ist der Anführer eng eingekreist, bleiben alle auf seinen Zuruf hin stehen. In der Richtung der beiden Schlußkinder sucht sich der Erwachsene seinen Weg möglichst geradlinig hinaus. Zuletzt schlüpft er durch das Tor der beiden Schlußkinder. Alle gehen mit, wenn sie an die Reihe kommen.

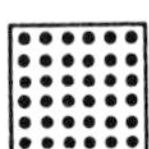
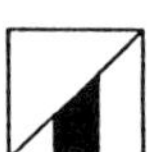

Tanzfiguren: International,
Auswahl und Zusammenstellung:
Anneliese Gaß-Tutt

Figur 3

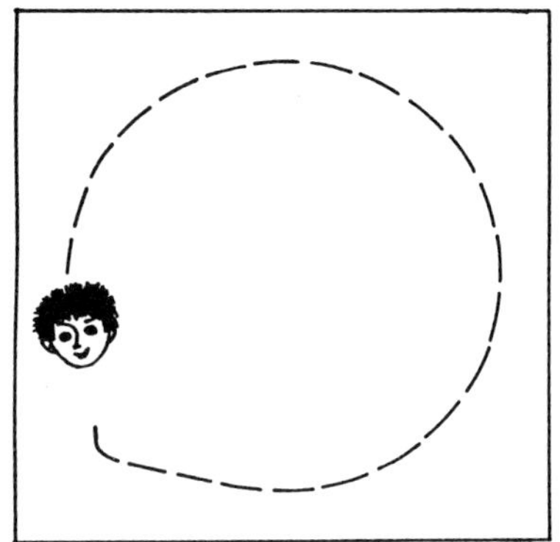

Figur 4

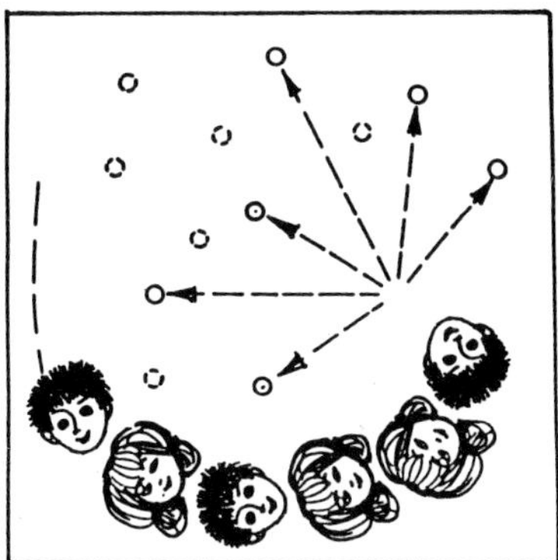

Figur 5

Figur 4 Vollmond

Tanzweg siehe Ablaufzeichnung.

Figur 5 Sternenhimmel

Auf Zuruf lassen alle die Hände los, tanzen, wohin sie wollen, und verteilen sich im ganzen Raum.

Am besten beginnt der Erwachsene die Figuren immer bei seinem Ausgangsplatz (siehe Ablaufzeichnungen).

Der angegebene Schluß eignet sich besonders gut für einen sofort im Anschluß folgenden Tanz mit der Aufstellung frei im Raum (z. B. ,,Sambabele'', ,,Zappelphilipp''). Wird ein Kreistanz angeschlossen, kann die ,,Kinder-Kette'' bereits mit dem ,,Vollmond'' zu Ende gehen.

Andere Kombinationen: nur die Figuren 1 + 4 + 5, oder 1 + 2 + 4, 1 + 3 + 4, 1 + 2 + 5.

Laternen-Tanz

Musik:

,,Stuttgarter Dreier'',
Kallmeyer 61520.

Schritte:

Gehschritt.

Aufstellung:

Diesen Tanz muß ein Erwachsener anführen.

Alle stehen im großen Kreis. Die Kinder schauen zur Mitte und halten ihre leuchtenden Laternen vor sich: Mindestteilnehmerzahl: 20 Kinder.

Figur 1 Großer Umgang

Mit einer leichten Linkswendung nach außen beginnt der Erwachsene. Er geht am Außenkreisrand entlang. Alle gehen mit, wenn sie an der Reihe sind, und halten mit den Laternen den notwendigen Abstand zwischen dem vorderen und dem hinteren Kind. Ist der Erwachsene bei seinem Ausgangsplatz angekommen, beginnt er die neue Figur.

Figur 2 Balken

Tanzweg siehe Ablaufzeichnung.

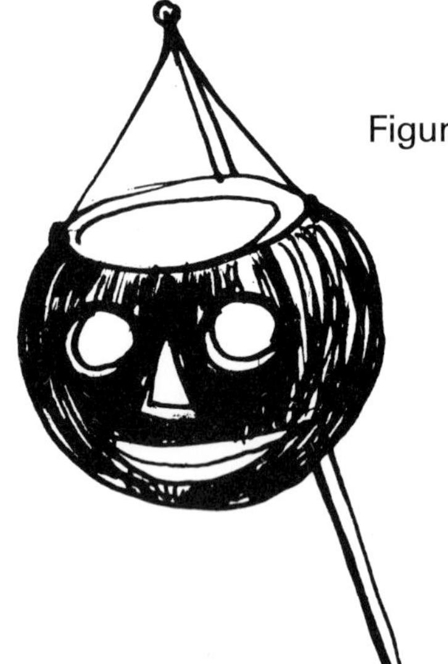

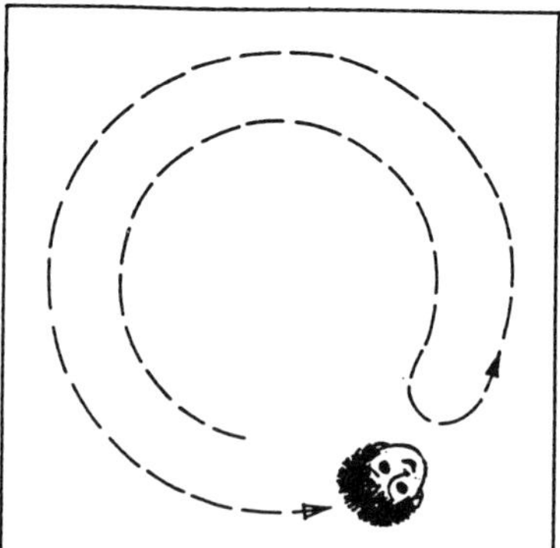

Figur 1

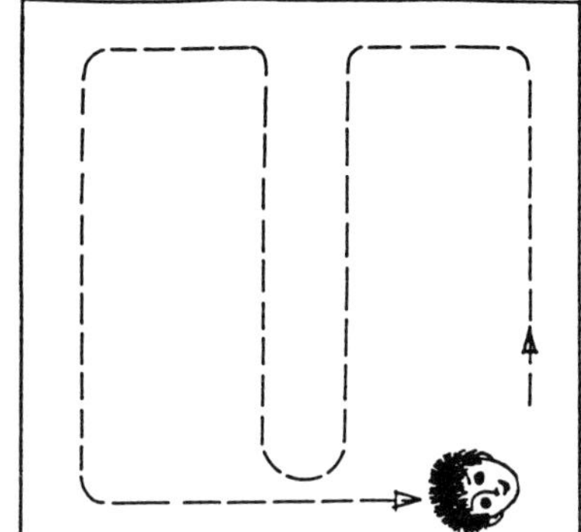

Figur 2

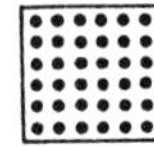

Tanzfiguren: International
Auswahl und Zusammenstellung:
Anneliese Gaß-Tutt

Figur 3 Große Schleife

Tanzweg siehe Ablaufzeichnung.

Figur 4 Schnecke

Figur beim Hineingehen nicht zu eng führen, damit beim Hinausgehen genug Platz für die Laternen bleibt.

Figur 5 Schlußkreis

Tanzweg siehe Ablaufzeichnung.

Weitere Kombinationen: die Figuren 1 + 4 + 5 und 1 + 3 + 4 + 5. Von der „Kinder-Kette" eignen sich die Figuren 2 + 5.

Wichtig: Ein Laternen-Tanz sollte zuvor einmal bei Tageslicht ohne brennende Kerze getanzt werden.

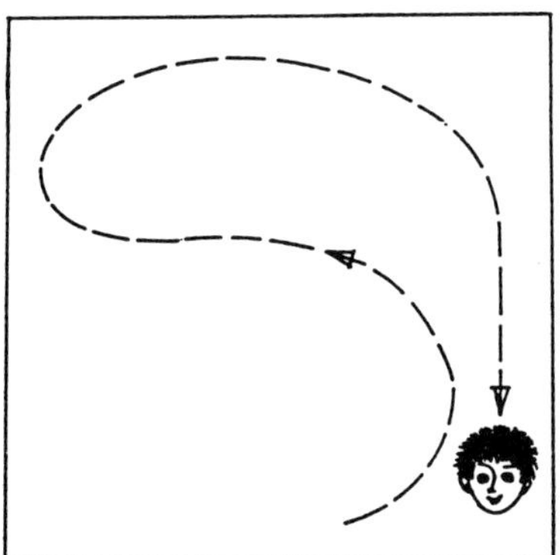

Figur 3

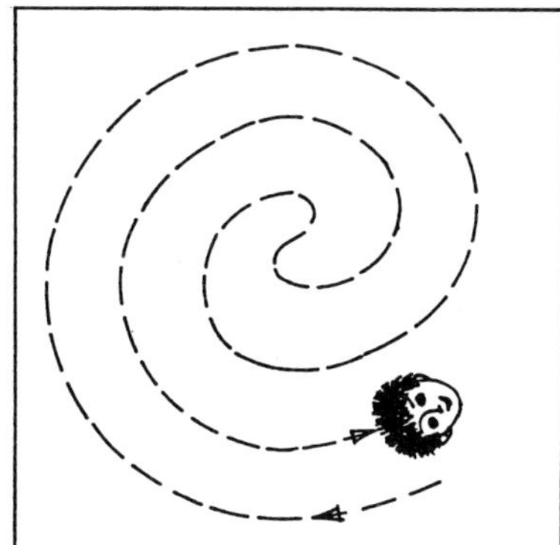

Figur 4

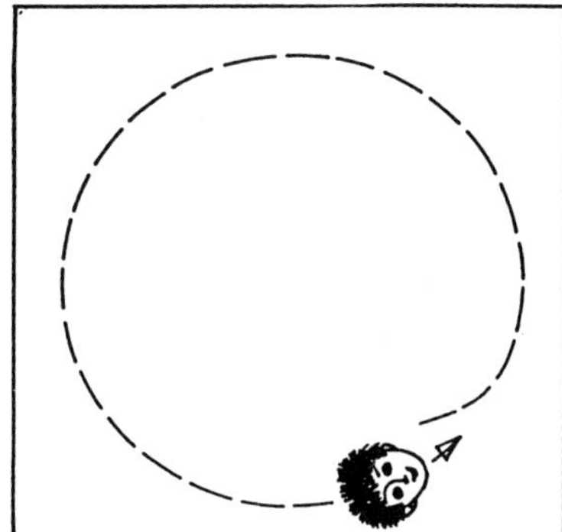

Figur 5

Knödeldreh-Mixer

Musik:
,,Circassian Circle'', FF 1257.

Schritte:
Gehschritt, Swingschritt.

Aufstellung:
Einzeln, frei im Raum verteilt.

TEIL A	**Vorbereiten**
Takt 1—8	Alle gehen durcheinander.
Takt 9—16	Je 4—6 Kinder finden sich zu einem ,,Knödel'' zusammen, nehmen in diesem kleinen Kreis Oberarmfassung ein und gehen gegen Tanzrichtung ↶ .
TEIL B	**Knödeldrehen**
Takt 17—24	Alle tanzen im Swingschritt (= rechten Fuß vor linken) gegen Tanzrichtung ↶ .
Takt 25—32	Alle verlangsamen das Tempo, um am Schluß die Fassung lösen zu können.
	Von vorne.

Tanz: Entstanden in einer Stuttgarter Grundschule, aufgezeichnet und bearbeitet von Anneliese Gaß-Tutt.

 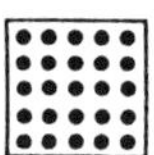 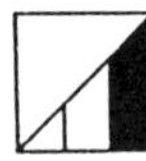   

Irrgarten

Vorbereitung:

Auf einem Sportplatz, in einem Saal oder im Garten werden verschiedene ungefährliche, leichte Hindernisse aufgebaut.

Musik:

,,Petronella'', FF 1257.

Schritte:

Gehschritt.

Aufstellung:

Alle in einer langen Reihe, durchgefaßt. Vorne ist das anführende Kind oder ein Erwachsener.

Der Anführer zieht mit allen durch oder um die Hindernisse. (Siehe Illustration als Beispiel.)

Vorschläge:

Durch eine Eimergasse ziehen; auf einer vorgezeichneten Spur gehen; über einen Schellengummi steigen; zwischen einer Stuhlreihe durchschlängeln; unter einigen Bändern durchhocken; über eine Backsteinbrücke gehen; usw.

Nicht mit kleinen Kindern tanzen!

Der Anführer darf nicht zu schnell und nicht zu langsam gehen. Er muß die ganze Gruppe im Auge behalten.

Nicht zu lange schlängeln oder steigen oder gebückt gehen lassen!

Tanz: Aus Deutschland

Seemannsknoten

Seeleute brauchen auch heute noch Knoten: zum Festmachen, Vertäuen, Sichern. Es gibt leichte Knoten, kompliziertere und schwierige. Einige lassen sich beim Tanzen darstellen.

Musik:

„Tempo! Tempo!", Kallmeyer 61520.

Schritte:

Laufschritt.

Aufstellung:

Viele Kinder, angefaßt in einer langen Reihe. Sie sind das Tau. Als Hilfe: Zu Beginn zu einem Kreis fassen, der an einer Stelle geöffnet ist. Das ist Seilanfang und -ende.

Wirrwarr Alle Kinder heben die Arme zu Toren. Das erste Kind ist der Seilanfang und führt. Es läuft mit kleinen Schritten unter den Armen einiger Kinder durch (siehe Aufstellungsaufzeichnung). Wer mitgenommen wird, tanzt und läuft, dreht und kurvt den angeführten Weg, bis alle wieder im großen, offenen Kreis stehen.

Seilwurf Das erste Kind führt große und doch eng liegende Schleifen (siehe Aufstellungszeichnung), alle folgen, ohne zu zerren und zu schleudern.

 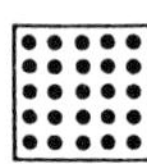 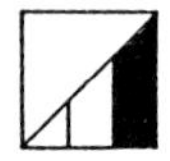   

Tanz: Figuren in vielen Ländern bekannt
Zusammenstellung: Anneliese Gaß-Tutt

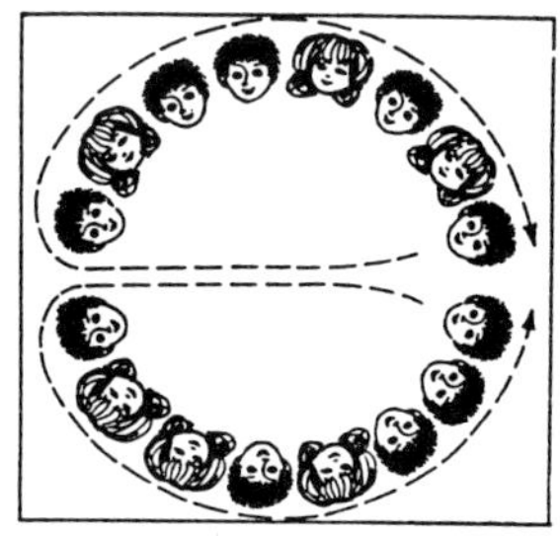

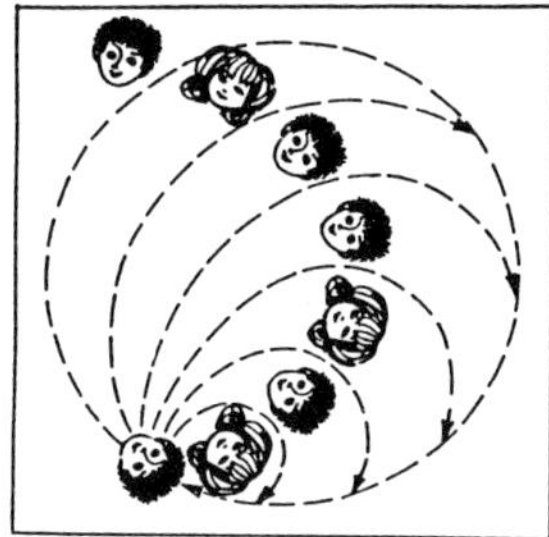

Schlinge Das erste und das letzte Kind fassen sich und laufen auf das von den beiden gegenüberstehenden Kindern gebildete Tor zu, schlüpfen durch, lösen ihre Fassung und tanzen auf ihrer Kreisbahnseite wieder zum Ausgangsplatz zurück (siehe Aufstellungszeichnung). Die Tor-Kinder drehen sich dabei einmal unter den eigenen Armen mit durch das Tor.

Knotenkette Das erste Kind führt alle andern zum ,,Pflock''; das kann eine Türklinke oder die Wand sein. Es legt die freie Hand darauf, alle bleiben stehen. Das letzte Kind am andern Ende der Reihe schlüpft durch dieses Tor und zieht das Tau mit. Das erste Kind dreht sich eineinhalbmal und schaut in die andere Richtung. Ein ,,Knoten'' ist fertig. Das Seil schlüpft jetzt der Reihe nach durch das nächste und alle andern Tore. Die Blickrichtung der Kinder ändert sich nacheinander, bis zum Schluß das ganze Tau verknotet ist und steht.

Auftrudeln Das frühere erste Kind läßt den Pflock los und beginnt, die verknotete Kette von seinem Platz aus aufzuwickeln, bis alle Kinder wieder zum großen Kreis laufen (siehe 1. Aufstellungszeichnung).

Erster Tanzversuch o h n e Musik, damit Wege und Namen bekannt sind. Zur Verständigung ruft das Anführerkind, welche Figur getanzt wird.

Aus WIRRWARR, SEILWURF und SCHLINGE sind eigene, selbständige Tänze zu machen: Dann wechseln die anführenden Kinder der Reihe nach, nach jeweils einem Durchgang und tanzen an das Seilende.

Überraschungs-Tanz

Musik:

,,Kochlöffel-Tanz'', Kallmeyer 61520.

Schritte:

Gehschritt und, frei nach Wahl, Schritte und Bewegungen am Platz.

Aufstellung:

Alle stehen im großen Kreis, Blick zur Mitte, ohne Fassung.

TEIL A	Zur Mitte und zurück (Kehrreim)
Takt 1—2	4 (langsame) Gehschritte zur Kreismitte,
Takt 3—4	4 (langsame) Gehschritte zurück am Platz;
Takt 5—8	wie Takt 1—4.

TEIL B	Überraschungsteil
Takt 9—16	Einer tanzt am Platz eine einfache Bewegung ohne Drehung vor, alle anderen machen sofort mit.

Der Tanz beginnt von vorne.

Variation: In Teil B wird beim Vormachen abgewechselt: Einer nach dem anderen kommt an die Reihe.

Maximal Kreise von 15 Kindern, da sonst der Kreis zu schwer zu tanzen ist.

 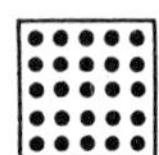 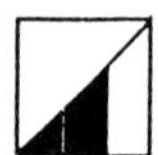   

Tanz: Anneliese Gaß-Tutt

Gänse-Beat

Musik:

,,Jojo-Beat'', Kallmeyer 61520.

Schritte:

Gehschritt.

Aufstellung:

Alle hintereinander im Gänsemarsch, ohne Fassung, mit einigen Abstand voneinander; je nach Teilnehmerzahl mehrere Gruppen im Raum verteilt.

TEIL A	**Im Gänsemarsch**
Takt 1—16	Locker hintereinander sich als Gruppe einen Weg suchen, dabei wenn möglich ganzfüßig, d. h. mit dem ganzen Fuß aufsetzen.
TEIL B	**Stau**
Takt 17—24	Je 2 Takte lang aufbauend folgende Bewegungen am Platz tanzen:

— Groteskes, lustiges Auf-der-Stelle-Gehen, die Hüften mitnehmen, ohne die Fußspitzen vom Boden zu nehmen.

— Zusätzlich: Beide Arme schräg und steif vom Körper weghalten und aus den Handwurzeln heraus die gespreizten Hände hin und her drehen.

— Auch die Schultern abwechselnd mit heben und senken.

— Den Kopf dazunehmen und (2mal) nicken.

Takt 25—32 Wie Takt 17—24.

Von vorne.

Eigene Bewegungskombinationen finden!

Tanz: Cordula Tutt

 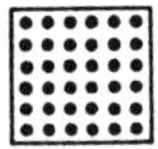    

La Raspa

Musik:

„La Raspa Mexicana",
FF 3060.

Aufstellung:

Zu zweien voreinander, beide geben sich die Hände.

Raspa-Schritt: (= 1 Schrittfolge geht über 2 Takte)
Abwechselnd am Platz mit je 3 Spreizsprüngen vor- bzw. rückwärtsspringen, Rhythmus: kurz—kurz—lang.

Beispiel:
rechter Fuß vorwärts, gleichzeitig linker rückwärts / = kurz;
umspringen: rechter Fuß rückwärts, linker vorwärts / = kurz;
umspringen: rechter Fuß vorwärts, linker rückwärts / = lang.
(Die Arme werden dabei gleichseitig mit den Beinen vor- bzw. rückwärts; genommen.)

Außerdem: Kinderhüpfschritt

   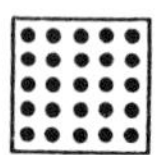    

Tanz: Aus Mexiko

TEIL A Raspa-Schere

Takt 1—2	Raspa-Schritt (beide beginnen rechts vorwärts),
Takt 3—4	Raspa-Schritt (beide beginnen links vorwärts),
Takt 5—8	wie 1—4;
Takt 9—16	wie 1—8. (Armbewegungen nicht vergessen!)

TEIL B Raspa-Runde

Takt 17—24	Beim Partner mit dem rechten Arm einhängen und rundherumhüpfen, dabei den linken Arm hoch über den Kopf halten; zum Schluß Fassung lösen.
Takt 25—32	Mit dem linken Arm beim Partner einhängen und rundherum hüpfen, dabei den rechten Arm hoch über den Kopf halten; zum Schluß Fassung lösen.

Von vorne.

Partnerwechsel: (Auf Zuruf und für alle gleichzeitig)
Während der Takte 31—32 die Fassung lösen und sich einem anderen Partner zuwenden.

Variation: Die Kinder und Erwachsenen in Mexiko tanzen ,,La Raspa'' als Geschicklichkeitstest. Sie stellen eine Flasche mitten auf die Tanzfläche, und eine(r) beginnt:

TEIL A	Hin und her über die Flasche hüpfen und springen, wie es Spaß macht, aber die Flasche nicht umwerfen!
TEIL B	Der Solist hüpft in einem kleinen Kreis um die Flasche. Zum Schluß macht er dem nächsten Platz.

Sambalele (Kinder-Samba)

A

1. Sam-ba - le - le, was war neu - lich? Don-nerst den Stein hin - auf zur Man - go.

Man- go bleibt o - ben, der Stein plumpst hin - ab. Sam-ba - le - le er kriegt ihn ab. Oh!

B

Jei jei jei jei, oh Sam - ba - le - le, was tust du im

Gar- ten von Pe - le? Mit der Beu - le an dei - nem Kopf ___

siehst du ja aus wie ein ar - mer Tropf! ___ ein ar - mer Tropf!

1. 2.

2. Sambalele, was war gestern?
Baust eine Falle für Jo Jango.
Schlamperst, bleibst hängen, es tut einen Krach.
Sambalele schreit weh und ach. Oh!
Jei jei jei jei, oh Sambalele,
was tust du im Garten von Pele?
Mit der Schramme an deinem Kopf
siehst du ja aus wie ein armer Tropf!

3. Sambalele, was war heute?
Zielst mit der Schleuder auf Cacado.
Der läßt was fallen, das listige Biest.
Sambalele, ihn trifft der Mist. Oh!
Jei jei jei jei, oh Sambalele,
was tust du im Garten von Pele?
Mit dem Kleckser an deinem Kopf
siehst du ja aus wie ein armer Tropf!

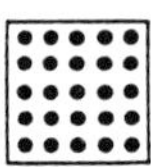

Melodie: Aus Brasilien
(Neuer) Text: Anneliese Gaß-Tutt
Tanz: Nach überlieferten Motiven
von Anneliese Gaß-Tutt

Schritte:

Hüpfschritt, Tupfschritt, Seitnachstellschritt, Seitschritt, Pendelschritt, Geh- oder Swingschritt.

Aufstellung:

Alle im Raum verteilt und einzeln, nicht zu dicht.

TEIL A Durcheinander

Takt 1

♪♪ 2 Hüpfschritte auf dem rechten Fuß, zugleich die linke Hand nach oben in die Luft schlenkern.

♪♪ 2 Hüpfschritte auf dem linken Fuß, zugleich die rechte Hand nach oben in die Luft schlenkern.

Takt 2—8 7mal wie Takt 1, gegen Ende einen Partner suchen und vor ihm bleiben. Wer niemand findet, tanzt zum Treffpunkt in die Mitte.

TEIL B Mit dem Partner

Takt 9

♪ Mit der rechten Ferse nach vorne tupfen

♪ und Schritt zurück neben linken Fuß;

♪ mit der linken Ferse nach vorne tupfen

♪ und Schritt zurück neben rechten Fuß.

Takt 10 Wie Takt 9.

Takt 11 Beide Partner tanzen mit lockerer Armhaltung einen Seitnachstellschritt, einen Seit- und Pendelschritt nach rechts (Schrittfolge: rechts, links-ran, rechts, links an rechts pendeln).

Takt 12 Beide tanzen ebenso zurück (Schrittfolge: links, rechts-ran, links, rechts an links pendeln).

Takt 13—16 Wie 9—12.

Takt 17—24 Swing oder Karusell mit dem Partner ◡ in Swing- oder Karussell-Fassung.

(Alle Strophen werden in derselben Tanzform getanzt).

Bumpi-Boogie

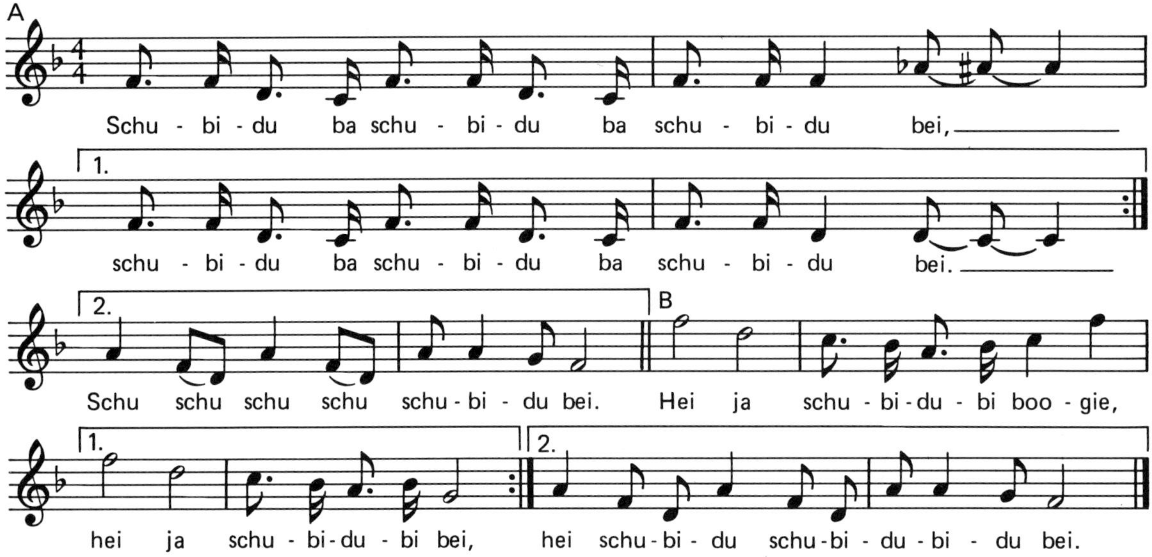

A

Schu - bi - du ba schu - bi - du ba schu - bi - du bei, ____

1\.

schu - bi - du ba schu - bi - du ba schu - bi - du bei. ____

2\.

Schu schu schu schu schu - bi - du bei.

B

Hei ja schu - bi - du - bi boo - gie,

1\.

hei ja schu - bi - du - bi bei,

2\.

hei schu - bi - du schu - bi - du - bi - du bei.

** „Bump" bedeutet, beim Tanzen sich gegenseitig mit der Hüfte einen kleinen Schubs geben.*

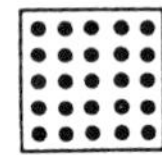

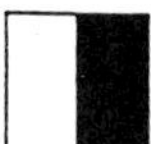

Melodie: Nach bekannten Boogie-Melodien
Lied und Tanz: Entstanden bei einem Kindergeburtstag, Aufzeichnung: Anneliese Gaß-Tutt

Schritte:

Seitschritt, Tippschritt, Strampelschritt.

Aufstellung:

Zu vieren, je 2 Tänzer und Tänzerinnen gegenüber, ohne Fassung. Die Partner stehen nebeneinander.

Takt 4 Takt 5

TEIL A Bump

Takt 1—2 4mal Bump mit dem eigenen Partner;

♩ Seitschritt mit dem Partner: 1 + 4 mit dem linken, 2 + 3 mit dem rechten Fuß,

♩ Tippschritt mit dem andern Fuß (= mit ganzer Sohle hörbar neben das Standbein),

♩ Seitschritt weg vom Partner: 1 + 4 mit dem rechten, 2 + 3 mit dem linken Fuß,

♩ Tippschritt mit dem andern Fuß (= mit ganzer Sohle hörbar neben das Standbein).

Takt 4 Wie Takt 3, zum Schluß zum Nachbarn wenden (Aufstellung siehe Zeichnung).

Takt 5—8 Wie Takt 1—4, jedoch mit dem Gegenpartner.

TEIL B Strampeln

Takt 9—10 4mal abwechselnd auf ein Bein springen, das andere nach vorne kicken,

Takt 11—12 wie Takt 9—10, dabei 1mal um sich selbst drehen,

Takt 13—16 auf jedem Bein 2mal aufhüpfen und mit dem andern gleichzeitig 2mal kicken; insgesamt 8mal, dabei die letzten 4mal in die Hände klatschen.

Zur Abwechslung und Erleichterung kann dieser Tanz auch zur Musik ,,Boogie Time'', FF 3060 oder ,,Boogie Mix'', Kallmeyer 61520 getanzt werden.

Ruckel-Zuckel-Rock'n Roll

Musik:

,,Robby's Rock'',
Kallmeyer 61520.

Schritte:

Frei nach Wahl.

Aufstellung:

4—7 Kinder stehen hintereinander, Abstand je 50—60 cm.

Jeder tanzt sich auf der Stelle auf seinen Lieblingsschritt ein. Dann beginnt das letzte Kind in der Linie, sich mit seinem Schritt in gleichbleibender Richtung durch die Lücken bis vor das erste Kind zu schlängeln (siehe Ablaufzeichnung). Nun beginnt das nächste letzte Kind usw. Die Reihe wandert dadurch langsam weiter. Sie braucht nicht gerade zu verlaufen. Der jeweils neue ,,Kopf'' der Schlange stellt sich dort vor seine Linie, wo Platz ist.

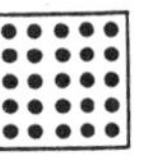

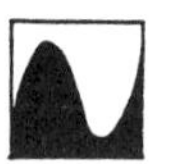

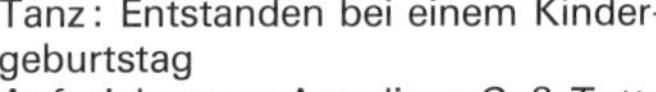

Tanz: Entstanden bei einem Kindergeburtstag
Aufzeichnung: Anneliese Gaß-Tutt

SUCHECKE

Zusammenstellung der vorgeschlagenen Kindertanz-Musik

Schallplatten / Musicassetten
Fidula Verlag
D 5407 Boppard / Rhein und A 5033 Salzburg

Seite	Tanz-Titel	Musik-Titel	Schallplatte	Cassette
16	Großer Bogen	Gemütlich schwäbisch		61520
36	Perlenweben	Schaumburger Danzmusik		61520
46	Luftballonella	Stop-Tanz		61520
48	Baby Kong	Boogie Mix		61520
52	Tschi-Tscha u. Tschi-Tschi	Harlekin-Jive		61520
56	Puppen-Tanz	Spaßvögel		61520
63	Zwiegespann	Wald-Amorbacher Gänsemarsch		61520
66	Schattengespenst	Ulaner und Trideride		61520
74	Oze wieze	Hühnerscharr		61520
78	Karussell	Kettenkarussell		61520
86	Laternen-Tanz	Stuttgarter Dreier		61520
90	Seemannsknoten	Tempo! Tempo!		61520
92	Überraschungs-Tanz	Kochlöffel-Tanz		61520
93	Gänse-Beat	Jojo-Beat		61520
100	Ruckel-Zuckel-Rock'n Roll	Robby's Rock		61520

Musicassette
Kallmeyer Verlag
D 3340 Wolfenbüttel, Postfach 1347

Seite	Tanz-Titel	Musik-Titel	Schallplatte	Cassette
17	Festzug	Kuckuckspolonaise	FF 1194	FC 2
21	Ein Freund – eine Freundin	Kindergarten-Mixer, Hüpferling, Hasensprung	FF 1196	FC 2
28	Drehrad	Fastnachtsmusik, Teppichknüpfen	FF 3060	FC 6
31	Tunnel	Coronado	FF 3060	FC 6
32	Bingo	Bingo	FF 1306	
34	Kopf und Schwanz	Spring-ins-Feld	FF 3060	FC 6
35	Ungarische Post	Wechselspiel	FF 1210	
49	Propeller	Alabama Jubilee Mixer	FF 1305	FC 5
53	Dschungel-Tanz	Comics	FF 3060	FC 6
58	Spiegeleien	Beat Ballade	FF 1280	
62	Wirbelwind	Mogelkette	FF 3060	FC 6
67	Zappelphilipp…	Boogie Time	FF 3060	FC 6
84	Kinder-Kette	Party-Bummel	FF 3060	FC 6
88	Knödeldreh-Mixer	Circassian Circle	FF 1257	
89	Irrgarten	Petronella	FF 1257	
94	La Raspa	La Raspa Mexicana	FF 3060	FC 6

Prospekte zur Information anfordern!

Pictogramme, Zeichen

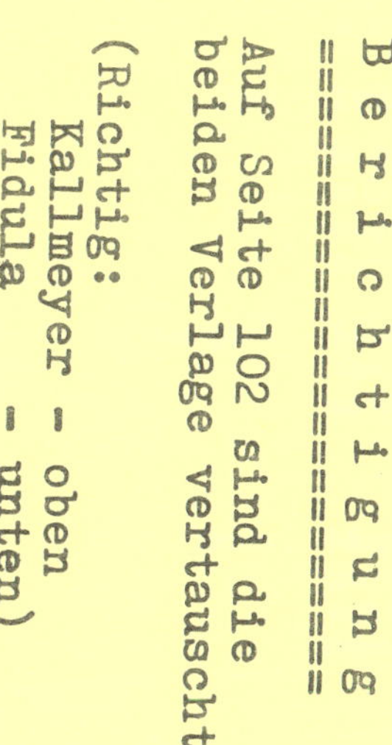

4-6 Jahre | 7-8 Jahre | 9-10 Jahre | 4-8 Jahre | 6-10 Jahre | 4-10 Jahre

zenden:
s 6 Kinder
s 12 Kinder
s 25 Kinder
s 25 Kinder

  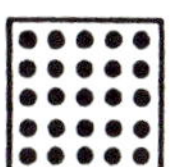 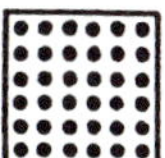

6 Kinder | 12 Kinder | 25 Kinder | auch über 25 Kinder

les
vorge-
iationen

leicht | mittel | schwerer | leicht bis mittel | mittel bis schwerer

für
Tanzen
it

ja | nein

rm
kreativen
igenen

gebundene Form | kreative Phase | Tanzidee

Musik

Kinder-Tanzlied
Vorschlag für Rhythmus-instrument
Schallplatte
Musicassette
Schallplatte / Musicassette
eigene Musikidee

Tanzlied | Rhythmus | Schallpl. | Cassette | Pla./Cass. | eigene Musikidee

Mädchen

In den Tanzbeschreibungen ist die Blickrichtung der Kinder aus den Gesichtern ablesbar.

 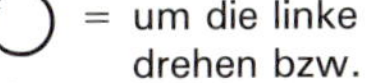 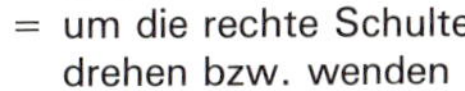

= in Tanzrichtung

= um die linke Schulter drehen bzw. wenden

Jungen

= gegen Tanzrichtung

= um die rechte Schulter drehen bzw. wenden

Schritte

nach dem Alphabet

GEHSCHRITT
Leichtes Gehen in natürlicher Bewegung.
HÜPFSCHRITT
Im Wechsel von rechtem und linkem Fuß (oder umgekehrt) ein Schritt und ein Hüpfer mit demselben Fuß (Rhythmus: ♫ ♫).
KINDERHÜPFSCHRITT
2mal mit jedem Fuß aufgehüpfter, sich kaum vom Boden abhebender und weiträumiger Schritt (Rhythmus: ♪|♩♪).
KREUZSPRUNG
Während des Sprungs werden die Beine überkreuzt (rechts vor links oder links vor rechts).
LAUFSCHRITT
Leichtes Laufen in natürlicher, gewohnter Weise.
NACHSTELLSCHRITT
Ein Schritt und Beistellen des anderen Fußes mit Gewichtsübertragung (Schrittrichtung siehe jeweilige Tanzbeschreibung).
PENDELSCHRITT
Ein Schritt und Heranführen des Spielbeins ohne Gewichtsübertragung, mit oder ohne Bodenberührung des Fußes oder der Fußspitze (Schrittrichtung siehe jeweilige Tanzbeschreibung).
SCHERSPRUNG
Im Springen wird das eine Bein vorwärts, das andere rückwärts geführt und so auf dem Boden aufgesetzt.
SCHLUSS-SPRUNG
Nach dem Springen stehen beide Füße in der Schlußstellung nebeneinander.
SEITGALOPPSCHRITT
Mit einem Fuß einen Schritt zur Seite, dann Sprung auf den anderen nachzustellenden Fuß.
SEITNACHSTELLSCHRITT
Ein Schritt seitwärts, das andere Bein wird bei gleichbleibender Blickrichtung daneben gestellt und belastet.
SEITSCHRITT
Ein Schritt zur Seite, parallel zum Standbein.
SPREIZSPRUNG
Im Springen beide Beine seitlich auseinanderführen und so aufkommen.
SPRINGEN / SPRUNGSCHRITT
Beide Füße / Beine tanzen miteinander und tragen gleichmäßig das Gewicht. (Besondere Sprungschritte s. o.)
STAMPFSCHRITT
Kräftig und laut getanzter Gehschritt.
SWINGSCHRITT
Rechten Fuß nach vorn aufsetzen; er trägt das Hauptgewicht, während der linke kurzfristig durch federndes Abstoßen entlastet. Mit kurzen (überkreuzten) Nachstellschritten wird dabei gegen Tanzrichtung ↶ gedreht.
TUPFSCHRITT
Das Spielbein mit Bodenberührung vorwärts, seitlich, überkreuzend oder rückwärts führen (= ohne Gewicht).

Fassungen

nach dem Alphabet

DURCHGEFASST
Die z. B. im Kreis nebeneinander stehenden Kinder fassen sich an den Händen.

HANDRUNDEN-FASSUNG
Die beiden Partnerkinder geben sich gegenseitig in der Gegenüberstellung die rechte bzw. die linke erhobene Hand (Unterarme sind leicht angewinkelt).

HÜFT-FASSUNG
Ab 2 Kindern; sie stehen hintereinander und schauen in dieselbe Richtung. Jedes Kind legt seine Hände auf die Hüfte des vorderen Partners. Das anführende Kind hat seine Hände frei.

KARUSSELL-FASSUNG
Die beiden Partnerkinder stehen sich gegenüber, schauen sich an und legen sich gegenseitig die Hände auf die Oberarme.

KREUZ-FASSUNG
Die beiden Partnerkinder schauen in dieselbe Richtung, stehen nebeneinander, geben sich gegenseitig die rechte Hand und fassen ihre linken unter den rechten.

OBERARM-FASSUNG (= im Kreis)
Jedes Kind legt seinem rechten Nachbarn die rechte Hand von vorne auf dessen linken Oberarm. Dieser faßt von hinten den rechten Oberarm des Partners mit der linken Hand. (Jeder trägt sein eigenes Gewicht!)

OFFENE FASSUNG
Die beiden Partnerkinder schauen in dieselbe Richtung, stehen nebeneinander und fassen sich an den (inneren) Händen.

PAARKREIS-FASSUNG
Die beiden Partnerkinder stehen sich gegenüber, schauen sich an und geben sich die Hände zu einem kleinen Kreis (Arme knapp in Schulterhöhe!).

RAD-FASSUNG
Die beiden Partner stehen sich etwas versetzt nach links oder rechts gegenüber. Sie hängen sich mit dem rechten oder linken Arm ein und heben die freien Hände ungefähr in etwas über Kopfhöhe.

SCHULTER-FASSUNG
Ab 2 Kindern; sie stehen hintereinander und schauen in dieselbe Richtung. Jedes Kind legt seine Hände auf die Schultern des vorderen Partners. Das anführende Kind hat seine Hände frei.

Besondere Tips

Ist ein Kind schon zu Beginn überzählig, tanzt der Erwachsene als Partner mit.

Der Treffpunkt für Solisten in der Mitte des Raumes ist eine Selbstverständlichkeit!

Alphabetisches Verzeichnis mit systematischer Übersicht

Tanzlied	mit Schallplatte	mit Musicassette	gebundene Form	mit kreativen Phasen	Tanzidee	leicht	mittel	schwerer	Seite		von 4-6 Jahren	von 7-8 Jahren	von 9-10 Jahren	im Zimmer / ohne Umräumen	zur Selbstbeschäftigung	braucht viel Platz	braucht wenig Platz	zusammen mit Erwachsenen	Zum Vorführen geeignet
—	e*	e*	—	X	—	X	—	—	23	Adelaide von Stock	X	X	—	—	X	X	—	—	—
—	—	X	—	—	X	X	—	—	48	Baby Kong (Sitz-Boogie)	X	X	X	—	X	—	X	X	—
X	—	—	X	X	—	—	—	X	42	Becherklopfen	—	X	X	—	—	—	X	—	—
X	X	—	X	—	—	—	—	X	23	Bingo	—	—	X	—	—	X	—	X	—
X	—	—	X	—	—	—	—	X	98	Bumpi-Boogie	—	—	X	—	—	—	X	—	X
X	—	—	—	X	—	X	—	—	60	Dalt del diri	—	X	X	—	X	—	X	—	—
—	X	—	X	—	—	—	X	—	28	Drehrad	—	X	X	—	X	X	—	—	—
—	X	X	X	—	—	—	X	—	53	Dschungel-Tanz	—	X	X	—	—	X	—	X	—
—	—	—	X	—	—	X	X	—	14	Eierkuchen	X	—	—	—	X	X	—	X	—
—	X	X	—	X	—	X	—	—	21	Ein Freund—eine Freundin	X	—	—	—	X	X	—	X	—
X	—	—	—	X	—	X	—	—	76	Einrollen	X	X	—	X	—	—	X	—	—
X	—	—	X	—	—	—	X	—	12	Elefanten-Twist	X	X	—	—	X	X	—	—	—
—	e*	e*	—	X	—	X	—	—	50	Farben-Tänze	X	X	—	X	—	X	—	—	—
—	X	X	—	X	X	—	—	—	17	Festzug	X	—	—	—	X	X	—	X	—
—	e*	e*	—	X	—	X	—	—	57	Fingertrommler (Finger-Boogie)	X	X	—	X	X	—	X	X	—
—	—	X	X	—	—	—	—	X	93	Gänse-Beat	—	—	X	—	—	X	—	—	X
X	—	—	X	—	—	X	—	—	30	Geburtstags-Brücke	X	X	—	—	X	—	X	—	—
—	—	X	X	—	—	—	X	—	16	Großer Bogen	—	X	X	—	—	X	—	X	—
—	X	—	—	X	—	—	X	—	89	Irrgarten	—	X	X	—	—	X	—	X	—
X	—	X	X	—	—	—	X	—	78	Karussell	—	X	X	—	—	X	—	—	—
—	X	—	X	—	—	—	X	X	84	Kinder-Kette	X	X	X	—	—	X	—	—	X
X	—	—	X	—	—	—	X	—	82	Klapperschlangen-Klatsch	—	—	X	—	—	—	X	X	—
—	X	—	X	—	—	—	—	X	88	Knödeldreh-Mixer	—	—	X	—	—	X	—	—	—
—	X	—	X	—	—	X	—	—	34	Kopf und Schwanz	X	X	—	—	X	X	—	—	—
X	—	—	—	—	X	—	—	X	54	Krachmaschine	—	—	X	X	—	—	X	X	X
X	—	—	X	—	—	X	—	—	20	Kranzbinden	X	—	—	—	—	—	X	—	—
X	—	—	—	X	—	—	X	—	26	Krusel Wusel	—	X	X	—	X	X	—	—	X
X	—	—	—	X	—	X	—	—	18	Kuckuck	—	X	—	—	—	X	—	—	—

Tanzlied	mit Schallplatte	mit Musicassette	gebundene Form	mit kreativen Phasen	Tanzidee	leicht	mittel	schwerer	Seite		von 4-6 Jahren	von 7-8 Jahren	von 9-10 Jahren	im Zimmer / ohne Umräumen	zur Selbstbeschäftigung	braucht viel Platz	braucht wenig Platz	zusammen mit Erwachsenen	Zum Vorführen geeignet
X	–	–	–	–	–	X	–	–	22	Lange Reihe	–	X	–	–	–	X	–	–	–
X	X	X	X	X	–	–	X	X	94	La Raspa	–	–	X	–	X	X	–	–	–
–	–	X	X	–	–	–	X	X	86	Laternen-Tanz	–	X	X	–	–	X	–	X	X
–	–	X	–	–	X	X	–	–	46	Luftballonella	–	X	X	–	–	X	–	X	–
X	–	–	X	–	–	–	–	X	38	Mirelidon-Tarantella	–	–	X	–	–	X	–	–	X
–	e*	e*	–	–	–	–	X	–	64	Modeschau	–	X	X	–	–	X	–	–	–
R	–	–	X	X	–	–	–	X	40	Mr. und Mrs. Bamboo	–	–	X	–	X	–	X	–	–
X	–	X	X	–	–	X	–	–	74	Oze wieze	X	X	–	–	–	–	X	–	–
–	–	X	X	–	–	–	–	X	36	Perlenweben	–	–	X	–	–	X	–	–	X
X	–	–	–	X	–	X	–	–	83	Polterkinder	X	–	–	–	X	X	–	–	–
–	X	X	X	–	–	–	X	–	49	Propeller	–	–	X	–	–	–	–	–	–
–	e*	e*	–	–	X	X	–	–	56	Puppen-Tanz	X	X	–	X	–	–	X	–	–
R	–	–	X	–	–	–	–	X	44	Rassel-Tanz	–	X	X	–	–	–	X	–	–
–	–	X	–	X	–	–	X	–	100	Ruckel-Zuckel-Rock'n Roll	–	–	X	–	X	X	–	–	–
X	–	–	X	–	–	–	–	X	96	Sambalele (Kinder-Samba)	–	–	X	–	–	X	–	–	–
–	–	X	–	–	X	–	X	–	66	Schattengespenst	–	X	X	–	X	X	–	X	X
X	–	–	–	–	–	X	–	–	70	Schni-Schna-Schneck	X	X	–	–	X	X	–	–	X
–	–	X	X	–	–	–	–	X	90	Seemannsknoten	–	–	X	–	–	X	–	–	X
–	X	X	–	–	X	–	X	–	58	Spiegeleien	–	X	X	–	–	X	–	X	–
–	–	X	–	–	X	–	X	–	52	Tschi-Tscha und Tschi-Tschi	–	X	–	X	–	–	X	–	–
–	X	–	X	–	–	–	X	–	31	Tunnel	–	X	X	–	X	X	–	–	X
–	–	X	–	X	–	–	X	–	92	Überraschungs-Tanz	–	–	X	–	X	–	X	X	–
–	X	–	X	–	–	–	X	–	35	Ungarische Post	–	–	X	–	X	X	–	–	X
–	–	–	–	–	X	–	–	X	68	Walky Talky	–	–	X	X	X	–	X	–	–
X	–	–	–	X	–	X	–	–	80	Wildfang	X	X	–	–	–	–	X	–	X
X	–	–	–	X	–	X	–	–	72	Willa wa	X	X	–	–	–	–	X	X	–
X	–	–	–	X	–	X	X	–	24	Windrädchen	–	X	–	–	–	X	–	–	X
–	X	X	–	–	X	–	X	–	62	Wirbelwind	–	X	X	–	–	X	–	–	–
–	X	–	–	–	X	X	–	–	67	Zappelphilipp-Zappelphilippine	–	X	X	–	X	X	–	–	–
–	–	X	–	–	X	–	X	–	63	Zwiegespann	–	X	X	–	X	X	–	X	–

e* = Musik aus der eigenen Tanzmusikkiste

R = Rhythmusbegleitung